DROGENSTRICH

FLÄMING VERLAG

DROGENSTRICH

Die Karriere des Axel K.

Bericht von Dietmar Kruczek

FLÄMING VERLAG

ISBN 3-9804704-7-4

© Fläming Verlag
3. Auflage 1999

2. Auflage 1993
Verlag Neues Leben GmbH, Berlin

Einbandgestaltung: Bertram Freihube
Foto: Michael Rausch
Gesamtherstellung:
Mundschenk
Druck & Medien
Kropstädt

Von Wittenberg nach Berlin (Ost)

Als der Nachtschnellzug nach Berlin um 22.09 Uhr mit kreischenden Bremsen im Bahnhof von Wittenberg hält, steigt nur ein Fahrgast ein. Er ist jung, sehr groß, ohne Gepäck.

Im dunklen Gang bleibt er stehen, zündet sich eine Zigarette an.

Der Schaffner durcheilt hackenklappend den Gang. Die Fahrkarte, bitte! Hält die Taschenlampe über das Papier, nickt, sagt: Berlin – na warum nicht – doch bei dem Scheißwetter! Lacht, geht weiter.

Tatsächlich klatscht der Fahrtwind dicke Regentropfen gegen die Scheiben. Sie zerplatzen, laufen auseinander. Der Junge berührt mit der Stirn das kalte Glas, es tut ihm wohl. Sein Atem klebt grau auf der Scheibe. Mit der Fingerspitze schreibt er: Axel K. Dann lacht er kurz auf, wischt mit der Hand über die Scheibe und sucht sich mit unsicheren Schritten ein Abteil.

Am liebsten wäre ihm ein leeres. Er möchte jetzt nicht die Gegenwart anderer, keine Konversation, wie sie in Zugabteilen üblich ist. Allein möchte er sein, nachdenken, daran denken, daß die Mutter ihn jetzt schon vermissen würde, trotzdem Kuchen backen würde, um danach den Geburtstagstisch zu richten für ihren Axel.

Er findet ein Abteil, in dem ein älteres Paar sitzt. Der

Mann schält einen Apfel, die Frau hat die Strickjacke über ihre Knie gelegt. Ihre Blicke sind unwillig, Axel merkt es. Guten Abend, sagt er leise, setzt sich an einen Fensterplatz, schließt die Augen, spürt die wohlige Wärme, die in ihm hochkriecht. Sieht seine Mutter vor sich, die eine weiße Schürze trägt über dem blauen Kleid, das er so mag. Vor dem kleinen runden Tisch sieht er sie stehen, dabei die Blumen verdeckend, die Geschenke. – Glückwunsch zum achtzehnten, mein Junge! – Spürt seine Augen feucht werden, reißt sie auf, sieht den Himmel vor dem Abteilfenster vorbeifliegen mit diffusen Wolken vor einem buttergelben Mond.

In Schönefeld steigen die beiden Alten aus. Sie tun es wortlos.

Der Zug schlingert mit mäßiger Geschwindigkeit über die ausgefahrenen Gleise. Axel hat die Beine auf die Sitzbank gegenüber gelegt, spürt angesichts der nahenden Großstadt ein neues Gefühl in sich. Ein Kribbeln ist es, das vom Scheitel bis zur Sohle reicht und ihm fast den Atem nimmt. Er steht auf, geht auf den Gang, raucht hastig und hat seine Mutter vergessen.

Als der Zug erneut hält, springt er auf den Bahnsteig, sieht die große Uhr, Mitternacht anzeigend, holt tief Luft, als wollte er etwas gewaltsam niederdrücken, dann sucht er mit raschen Schritten den Ausgang.

Ein neuer Tag beginnt. Es ist der 1. Oktober des Jahres 1989.

Im schwach beleuchteten Tunnel stochert ein alter Mann im Abfall eines Papierkorbs. Er hat eine Pudelmütze auf dem Kopf und einen Pappeimer in der Hand. Axel bleibt stehen, zieht einen Geldschein aus der Tasche, wirft ihn dem Alten hin, sagt: Ich habe Geburtstag heute – bin achtzehn und jetzt in Berlin!

Der Alte stottert erfreut: Vergelts Gott, Söhnchen!

Axel beugt sich zu ihm runter. Noch was, Väterchen,

ich bin ein Schwuler! Er richtet sich auf, lacht, daß es durch den leeren Tunnel hallt. Der Alte zuckt gleichmütig mit den Schultern und schlurft davon.

Auf dem Bahnhofsvorplatz steigt Axel in ein Taxi. Disco Buschallee, sagt er zu dem Fahrer.

Die Straßen sind leer, es regnet noch immer, ein böiger Herbstwind zaust die Baumkronen. Scheißwetter, sagt der Fahrer und reibt die Frontscheibe mit einem Tuch ab. Neu in Berlin? Nicht neu, erwidert Axel, ich kenne mich hier schon aus. Vor der Disco bezahlt er das Taxi, übersieht den abschätzenden Blick des Fahrers. Im Haupteingang stehen rauchende Männer.

Axel war schon einige Male hier. Man kennt ihn. Hallo Axel, wie läuft es? Der winkt lässig ab. Spitzenmäßig – immer spitzenmäßig. Die Bar ist zur späten Stunde mäßig besucht. Grelle Lichtblitze zerhacken die Dunkelheit, es riecht aufdringlich nach Tabak, Schweiß und billigen Körperdeos. Nur wenige Männer bewegen sich auf der Tanzfläche, Paare stehen herum, sitzen auf den Barhokkern, erzählend, sich küssend.

Hallo, Darling! Ein junger, lang aufgeschossener Mann nähert sich Axel, küßt ihn auf den Mund. Gratulation – viel Glück! Axel ist sichtlich gerührt. Mit fast verlegenem Lächeln ruft er laut: Ihr seid alle meine Gäste – ich hab Geburtstag heute! Er wird mit Hallo umringt, geküßt, der Keeper öffnet Sektflaschen.

Der Langaufgeschossene nimmt Axel zur Seite, deutet auf eine junge Frau, Claudia – sie will dich kennenlernen, weil du so schöne blaue Augen hast.

Scheißclaudia, sagt die junge Frau, ich bin eine Lesbe und will so genannt werden! Ihr Gesicht ist grell geschminkt, ihr kräftiger Körper steckt in Jeanskleidung.

Die Turner singt: I might have been Queen.

Ich will tanzen, sagt die Lesbe.

Sie kommen nicht zurecht miteinander, geben es auf.

Der Langaufgeschossene feixt: Lesbe und Schwuler – da läuft nichts!

Der Keeper öffnet die letzte Flasche. Die Musik bricht ab, die Lichtfinger hören zu zucken auf. Axel spürt, wie der Sekt sein Hirn benebelt.

Wir machen weiter ruft er laut, zahlt die Zeche. Sie beträgt fast vierhundert Mark.

Du bist ein großzügiger Scheißer, sagt die Lesbe bewundernd, ein verdammt großzügiger Scheißer.

Draußen regnet es noch immer, große Pfützen haben sich auf den Bürgersteigen gebildet. Die jungen Leute halten sich an den Händen, singen, treten in die Pfützen. Außer der Lesbe und Axel sind es noch vier. Sie fahren mit der S-Bahn einige Stationen. Sie wissen von einer Schoppenstube, die bis fünf Uhr in der Frühe geöffnet ist.

Der Wirt ist über die späten Gäste erfreut, doch die machen keine große Zeche. Lachen, flirten, die Lesbe führt das große Wort. Ihr zu rot geschminkter Mund steht kaum still, ihre Stimme ist gewollt fest, ihre Sprache ordinär.

Auf der Toilette zählt Axel sein letztes Geld. Nicht einmal zehn Mark sind ihm geblieben.

Der Wirt kassiert, wünscht gähnend einen erfolgreichen Tag.

Auch die anderen gehen, die Lesbe und Axel bleiben allein. Was hast du vor, will die Lesbe wissen.

Axel zuckt mit den Schultern.

Komm mit, du Arsch, sagt die Lesbe grob.

Sie fahren mit der S-Bahn bis Lichtenberg.

Vor einem Abrißhaus bleibt die Lesbe stehen. Hier, sagt sie.

Im diffusen Licht der Straßenlampen erkennt Axel Farbschmierereien auf dem Mauerwerk. Leere Fensterhöhlen, aus denen der Wind zerrissene Gardinen drängt. Im Flur riecht es nach Exkrementen, Glas knirscht unter den Schuhsohlen. Die Lesbe kennt sich gut aus.

Hier ist unsere Wohnung, sagt sie stehenbleibend. Die Scheißbude gehört einem Typen, der bei der Asche ist. Sie zündet umständlich eine Kerze an. Die Tapeten hängen in Fetzen von den Wänden, ein Fenster ist mit Pappe vernagelt. Wasser und Strom gibt's nicht, sagt sie, wenn du pissen mußt, geh nach draußen. Es ist kalt zwischen den stinkenden Mauern. Die Lesbe zieht ihre Jeans aus, wirft sie achtlos über einen Hocker. Sie legen sich auf Strohsäcke, decken sich mit Steppdecken zu, die muffig riechen. Axel liegt auf dem Rücken, sieht seinen Atem grau und zerrissen nach oben steigen. Er denkt an sein Zimmer daheim und daran, daß die Mutter den Verlust des Geldes wohl längst bemerkt hat und trotzdem den Geburtstagskuchen backen wird. Er ist müde, fühlt dankbar die Nähe der Lesbe, die ihn umarmt.

Du mußt mir eine Geschichte erzählen, sagt sie, sonst kann ich nicht einschlafen. Ihre Stimme klingt jetzt sehr weich. Am besten, du erzählst deine Geschichte – du hast doch eine Geschichte, Axel?

Der nickt und sieht einen winzigen Teil des Sternenhimmels durch einen Spalt in der Fensterverkleidung.

Keine gute Geschichte, sagt er.

Egal, sagt die Lesbe, schon ein wenig schläfrig.

Axel blickt zu den Sternen hin.

Es war einmal ein Stern, der war sehr hell. Eigentlich war er der hellste Stern am Sternenhimmel. Und genau am ersten Oktober neunzehnhunderteinundsiebzig mußte der Stern zur Erde. – Er fiel und fiel und wurde ein Schwuler. Das aber wußte der neue Schwule nicht. Er wuchs, wurde größer und älter, bekam regelmäßig Gute-Nacht-Küsse und als er in die Schule kam eine riesengroße Zuckertüte.

Irgendwann merkte der kleine Schwule, daß es Mädchen gab und Jungen. Er fand es absolut blöd, daß die Jungen den Mädchen unter die Röcke sahen – es drängte ihn, bei den Jungen nachzusehen. Als der kleine Schwule zwölf Jahre alt war, wußte er, daß er schwul war. Da weinte er ein bißchen und ging, es seinem Vater zu erzählen. Der wurde sehr böse und befahl seinem Sohn, mit niemandem darüber zu reden.

Das verstand der kleine Schwule nicht, aber es machte ihm angst. Fortan lebe er mit seinen Problemen und wurde sehr einsam.

Eines Tages schrieb er auf ein Inserat und hatte die ersten körperlichen Kontakte mit Gleichgeschlechtlichen. Es blieb seinen Eltern nicht verborgen. Er log, um sich zu schützen. Die Eltern sagten ihm, daß ihre Ehe wegen ihm auseinandergine. Als es so war, schluckte der Schwule, der nun nicht mehr klein war, drei Hände voll Schlaftabletten, um wieder ein heller Stern zu werden.

Er wurde es nicht! – Er sollte einen Beruf lernen, den er nicht wollte, und man hänselte ihn und nannte ihn Arschficker. Als er die Ausbildung abbrach, war er für fast alle ein Assi, und die meisten Nachbarn erwiderten seinen Gruß nicht.

Kurz vor seinem achtzehnten Geburtstag verkaufte der Schwule Mutters Porzellan, versteckte sich einige Tage bei einem Freund und fuhr eines Nachts nach Berlin, dort seinen Geburtstag zu feiern. – Eine echt blöde Geschichte!

Axel schweigt, sieht, daß der helle Stern nicht mehr leuchtet, spürt den Kuß der Lesbe auf seinen Lippen und wundert sich, daß der nach Lippenstift und salzig schmeckt.

Es ist später Nachmittag, als Axel wach wird. Er sucht das Bad, findet es. Das Toilettenbecken ist zerschlagen, in der Wanne liegt Schutt.

Die Lesbe erhebt sich gähnend. Scheißwohnung, sagt

sie, und ihre Stimme klingt nicht mehr weich. Zu fressen haben wir nichts.

Frierend und immer noch müde verlassen sie das Haus. Die Straßenlaternen spenden schon wieder ihr karges Licht.

Ein heißer Kaffee wäre gut, sagt Axel. Die Lesbe nickt mürrisch, sie biegen in eine belebte Straße ein.

In einer dunkelhaarigen Frau glaubt Axel seine Mutter zu erkennen. Er läuft in einen Hauseingang, versteckt sich.

Du spinnst, sagt die Lesbe. Axel hat Furcht, Bekannte aus Wittenberg zu treffen, vielleicht sogar seine Mutter. Er weiß, daß sie ihn nie suchen würde, doch er schiebt diesen Gedanken beiseite.

Sie gehen in ein Café, finden einen Tisch am Fenster. Die Lesbe malt hellrote Farbe auf ihre Lippen. Sie bestellen Kaffee und Kuchen, Bockwurst und Kartoffelsalat, essen wortlos und hastig. Dann rauchen sie, und die Angst kommt, weil sie nicht bezahlen können.

Wir sitzen urst in der Scheiße, sagt die Lesbe. Wenn der Typ die Bullen ruft, sind wir dran!

Der Kellner rechnet zusammen. Macht exakt dreißig Märker, sagt er. Axel sucht sein Portemonnaie. Sucht umständlich und mit verlegenem Gesicht. Hast du es, Chérie? – Die Lesbe schüttelt verneinend den Kopf. Macht hin, sagt der Kellner grob. Sorry, sagt Axel, das Geld liegt auf dem Küchentisch, ich bringe es später vorbei. Er hält dem Kellner seinen Personalausweis hin. Der notiert Namen und Adresse. Bis Wittenberg ist es ja nur ein Spaziergang, sagt er fast fröhlich. Macht hin, Leute!

Sie gehen mit schuldbewußten Gesichtern, lachen auf der Straße, daß sich die Passanten nach ihnen umsehen. Die Lesbe sagt anerkennend: Du bist ein verdammt ausgewichster Scheißkerl! An einer Ampelkreuzung trennen sie sich.

Ich such mir eine spitze Zunge, meint sie, du weißt, wo du meinen Strohsack findest!

Sie geht mit energischen Schritten, Axel blickt ihr nach, vergräbt die Hände in den Taschen und schlendert pfeifend nach links. Auch ihm ist nach Sex. Er weiß in der Nähe eine öffentliche Toilette, sie ist Treffpunkt für Schwule.

Er geht schneller, die Vorfreude auf einen schnellen Sex auf der Klappe treibt ihn, läßt sein Herz schneller schlagen. Danach will er sich eine Schwulenkneipe suchen, einen Freier, der eine Wohnung hat mit einem richtigen Bad und heißem Wasser.

Tatsächlich findet er einige Typen auf der Toilette. Hallo, sagt er. Ein Typ mit Lederjacke gefällt ihm. Sie verstehen sich wortlos, drängen sich ungeduldig durch die schmale Eingangstür.

Keine zwanzig Minuten später verabschiedet er sich von seinem Partner. Machs gut, sagt er zärtlich. Geht rauchend, den Kragen des dünnen Mantels hochgeschlagen. In drei Kneipen sieht er keinen Schwulen. Er hat noch keinen geübten Blick dafür, einen Schwulen auf Anhieb zu erkennen. Unweit von der Friedrichstraße hat er Glück. Die Männer am Tisch sind unterschiedlichen Alters, der jüngste mag in Axels Alter sein, der älteste wohl an die fünfzig.

Axel setzt sich zu ihnen. Ich bin klamm, sagt er, Daumen und Zeigefinger aneinanderreibend. Die Männer verstehen. Einer bestellt eine Runde Pils und Klaren. Sie trinken, sehen sich prüfend an.

Nach der dritten Runde weiß Axel, daß er mit dem Älteren gehen wird. Er hat ihn geschickt ausgefragt und dabei erfahren, daß der eine Wohnung hat, sie mit seiner behinderten Schwester teilt, die gegenwärtig in stationärer Behandlung ist.

Der Wirt bringt die letzte Runde. Austrinken, zahlen,

Feierabend, ruft er laut. Die Gäste gehen geräuschvoll, auch die an Axels Tisch. Der Ältere sagt: Ich heiße Pit. Eigentlich heiße ich Michael. Man nennt mich Pit. Basta! – Er blickt verliebt auf Axel. Komm, sagt er ungeduldig. Komm!

Sie gehen nur wenige hundert Meter.

Axel bekommt, was er sich gewünscht hat; ein heißes Bad. Pit macht ihm belegte Brote, öffnet eine Flasche Krimsekt. Eine zweite steht bereit, sagt er zärtlich. Dann sitzen sie auf der Ledercouch unter der Hängelampe und hören auf die heisere Stimme von Joe Cocker.

Als die Uhr die erste Stunde des neuen Tages anzeigt, drängt Pit zum Schlafengehen. Ich muß früh raus, sagt er, noch vor fünf. Du kannst ausschlafen, klappst die Tür einfach zu.

Etwa zwei Stunden später verläßt Axel geräuschlos die Wohnung. Unter seinem Mantel trägt er Pits dicken Rollkragenpullover, in der Hand eine Plastetüte, darin sind eine Flasche Krimsekt, eine Rolle Toilettenpapier und einige Handtücher. In seiner Hosentasche knistern einige größere Geldscheine. An der nächsten Straßenecke besteigt er ein Taxi. Es fährt über den Alex, die Karl-Marx-Allee entlang, in Richtung Lichtenberg.

Die Lesbe liegt schlafend auf ihrem Strohsack.

Wach auf, der Weihnachtsmann kommt, sagt Axel lachend und schiebt ihr einige Geldscheine in den Slip. Sie trinken Sekt aus der Flasche, und Axel erzählt, wie er den verliebten Gockel Pit ausgenommen hat. Scham empfindet er dabei nicht.

Dann schlafen sie aneinandergedrängt und ohne Gute-Nacht-Geschichte ein.

Wieder ist es später Nachmittag, als sie aufstehen. Sie waschen sich in einer kleinen Plasteschüssel; das Wasser ist kalt und braun verfärbt.

Wie am Vortag gehen sie in ein Restaurant, essen,

trinken, machen eine Zeche von siebzig Mark. Obwohl sie Geld haben, zahlen sie nicht. Herr Ober, wir haben unser Geld zu Hause liegenlassen, hier ist der Personalausweis!

Der Ober holt den Geschäftsführer, der akzeptiert eine Frist von zwei Stunden, sonst werde er die Genossen der Volkspolizei verständigen.

Die beiden gehen, lachen und bestätigen sich gegenseitig, wahnsinnig gut drauf zu sein. Dann geht die Lesbe augenzwinkernd ihren Weg.

Axel hat wieder Verlangen nach Sex, geht mit langen Schritten zu der bekannten Toilette. Den Typen mit der Lederjacke will er nicht mehr, wen er einmal gehabt hat, der reizt ihn nicht mehr.

Plötzlich glaubt er die untersetzte Gestalt von Pit zu sehen. Er erschrickt, dreht sich um, beginnt zu laufen, kommt erst nach Minuten zur Ruhe. Fährt mit der S-Bahn in Richtung Alexanderplatz. Am Tunnelausgang stehen zwei junge Männer. Axel sieht sofort, daß es Schwule sind. Hallo, sagt er stehenbleibend. Die Blicke der beiden sind kühl. Ein Provinzkavalier, sagt der eine betont lässig, mußt den Vorortzug nehmen, Menschenskind! Arschloch, knurrt Axel wütend. Er geht die Treppen hinauf und ertappt sich dabei, wie er jeden Entgegenkommenden argwöhnisch mustert.

Über den Alexanderplatz weht ein böiger Wind, treibt Papierfetzen und welke Blätter vor sich her. Die Kneipen hier kennt Axel nicht. Er geht über den Platz, sieht Männer, die an Tischen und an Tresen sitzen, Bier trinken, erzählen. Ihn fröstelt. Er geht in eine Kneipentoilette, ein dicker Glatzkopf steht schwankend vor dem Becken. Ich bin blau wie ein Veilchen, sagt er mit Seitenblick zu Axel. Könntest du mich nach Hause bringen, Adonis?

Sie steigen in ein Taxi, der Glatzkopf versucht, Axel zu küssen. Der Fahrer dreht sich um, sagt: Macht 'een

Fuffzjer mehr, Meesta! Der Glatzkopf lacht, wirft einen Fünfzigmarkschein auf den Vordersitz. Das Auto hält vor einem kleinen Hotel. Axel weiß, daß er mitgehen wird, spätestens seit er die Brieftasche des Dicken gesehen hat, weiß er es.

Das Zimmer ist klein, ohne jeden Komfort, es riecht aufdringlich nach Bohnerwachs und kalter Zigarrenasche.

Der Dicke ist ungeduldig. Zieh dich aus, fordert er lüstern. Axel tut, wie ihm geheißen, mit Blick auf die Jacke, in der die Brieftasche steckt.

Eine Stunde später verläßt er das Hotel. In der Hand hält er die Brieftasche. Im matten Schein einer Schaufensterbeleuchtung öffnet er sie, dann weiß er, daß sie einem Handwerksmeister gehört. Das Geld nimmt er heraus, es sind vierhundert Mark. Die Brieftasche wirft er in hohem Bogen vor die Eingangstür des Hotels.

Er sucht ein Taxi, steigt ein, nennt das Fahrziel, lehnt sich bequem in die Polster und ist mit sich und der Welt zufrieden. Der Gedanke, in wenigen Stunden wieder mit der Lesbe auf dem muffigen Strohsack zu liegen, ist ihm nicht unangenehm, nichts ist ihm im Augenblick unangenehm, außer der Vorstellung, einen Bekannten zu treffen. Aber warum sollte das ausgerechnet heute Nacht geschehen?

Vor der Disco stehen zwei Autos der Volkspolizei, Jugendliche drängen sich am Eingang. Weiter, sagt Axel hastig zum Fahrer, fahren Sie weiter. Mit den Bullen will er nichts zu tun haben. Vielleicht suchen die mich wegen Zechprellerei und Beischlafdiebstahl, denkt er beunruhigt. Er läßt sich zum Toilettentreffpunkt fahren, hofft, dort einen sympathischen Partner zu finden, einen, der nicht säuerlich und nach Schweiß riecht, und den er nicht bestehlen will.

Er hat Glück, trifft drei Männer, von denen sich zwei

verabschieden. Der stehenbleibt, sagt, daß er Friedo heißt und bi sei. Er mag keinen Klappensex, wenigstens heute nicht, und schon gar nicht mit einem so steilen Partner. Axel findet es in Ordnung, daß sie in Richtung Karlshorst fahren. Vor einer Schrebergartenanlage lassen sie den Trabi stehen, gehen auf Schuhspitzen über die matschigen Gartenwege.

In der Laube riecht es süßlich nach Äpfeln. Es ist kalt. Sie legen sich auf das alte Sofa und hüllen sich in Dekken, die ein wenig feucht sind. Friedo erzählt, daß er verheiratet ist, bei der Reichsbahn beschäftigt und seine Liebe zu Männern erst während der Ehe entdeckt habe.

Es treibt mich nachts aus der Wohnung, sagt er unterdrückt, meine Frau fasse ich nicht mehr an; es ist schlimm.

Es ist kurz vor Mittag, als Friedo seinen Trabi in der Greifenhagener Straße anhält. Axel bietet ihm einen Hunderter. Nimm, sagt er, ich verdiene es mir leicht wieder! Zieht den Mantel über, geht mit langen Schritten, verschwindet im Passantengewühl der Schönhauser Allee. In einer Kneipentoilette wäscht er sich, putzt sich die Zähne, befühlt seinen Dreitagebart. Seine Haare sind verlegen, unter den Augen hat er dicke Ränder.

Er setzt sich in eine warme Gaststube, ißt Würstchen mit Salat, denkt an Friedo, die vergangene Nacht, die nach seinem Geschmack war. Zwei uniformierte Volkspolizisten betreten geräuschvoll die Kneipe, bestellen ebenso geräuschvoll Kaffee und Bockwurst. Sie blicken zu Axel rüber, der einen Geldschein auf den Tisch legt und hastig den Raum verläßt. Er hat Angst, Angst davor, Pit zu begegnen oder dem glatzköpfigen Handwerksmeister oder einem der Kellner, dem er die Zeche prellte. Ihnen will er genauso wenig gegenüberstehen wie seiner Mutter oder Leuten aus ihrem Haus.

Er setzt sich in die S-Bahn, fährt einige Stationen, steigt in Schöneweide aus und verlangt am Fahrkartenschalter: Einmal Leipzig mit Zuschlag! In Leipzig muß ich keine Angst haben, denkt er, da habe ich weder jemanden geprellt noch beklaut.

Und an Steffen denkt er, den Studenten, den er schon seit einigen Monaten kennt und unbedingt wiedersehen will.

Leipzig/Halle

In Leipzig scheint die Sonne. Axel steht vor dem Hauptbahnhof, reckt die Arme in die Luft, atmet tief und weiß,
daß er mit dieser Stadt zufrieden sein wird. Berlin ist vergessen, die Lesbe ist vergessen, auch Pit und Friedo
und der dicke Glatzkopf.

Mit der Straßenbahn fährt er in den Osten, er ist neugierig, Steffen zu sehen, den Studenten, den ruhigen,
den scheinbar unfehlbaren, den resoluten. Er kennt ihn
seit einigen Monaten, hat nie mit ihm geschlafen, weil er
es nicht wollte. Er ist sich sicher, bei ihm unterkommen
zu können.

Steffen ist zu Hause. Ich faß es nicht, sagt er zur Begrüßung, küßt Axel, bittet ihn herein. Der sieht sich um,
findet nichts verändert, auch nichts, was auf einen Partner schließen ließe.

Sie trinken Kaffee, rauchen, erzählen. Steffen hat nicht
viel Neues zu berichten. Das ewige Karussell, Wohnung
– Uni – Wohnung. Ab und zu mal einen Freund, nichts
Ernstes, das Studium geht vor. Er redet, blickt verliebt zu
Axel, der von Berlin erzählt und dabei seine kriminellen
Taten wohlweislich verschweigt.

Am Abend gehen sie auf ein Bier in eine Kneipe. Steffen hat nur Augen für Axel, der nicht bereit ist, mit ihm zu
schlafen und sich davor fürchtet, es ihm zu sagen.

Und wirklich kommt es noch in der Nacht zu lautstarken Auseinandersetzungen. Nachbarn klopfen erbost an die Wände. Axel hört sich Steffens Vorwürfe an, sich mühsam zur Ruhe zwingend. Nie hättest du die Lehre abbrechen dürfen – keine Zukunft – Versager.

Steffen schläft in seinem Bett, Axel auf dem für ihn viel zu kurzen Sofa.

In den nächsten Tagen hört Axel noch oft Steffens Vorwürfe. Er weiß, daß er sie nie mehr hören würde, gäbe er seinem Drängen nach, er weiß auch, daß er dann Steffen würde verlassen müssen.

Während Steffen in der Uni büffelt, besucht Axel die Schwulenkneipen, schließt neue Bekanntschaften, lernt Pille flüchtig kennen, den Typ mit den roten Haaren und dem geschminkten Gesicht. Seine saloppen Klamotten haben es ihm angetan und seine Ausstrahlung, die er für eine schizophrene hält.

Einmal geht er in ein Postamt, wählt die Nummer seiner Mutter, legt auf, noch ehe sich jemand meldet. In dieser Nacht schläft er mit Steffen, und als der am Morgen die Wohnung verläßt, packt auch Axel seine Sachen. Viele sind es nicht, sie haben Platz in einem Plastebeutel.

Einen Augenblick hat er den Gedanken, nach Hause zu fahren, zu sagen: Hier bin ich, entschuldige, ich werde es wiedergutmachen. Doch sofort weiß er, daß er es nicht tun wird.

Am Abend geht er in die Kneipe, in der er Pille kennengelernt hat. Er trifft ihn, umringt von einigen Typen, die auch Axel flüchtig kennt. Er mischt sich unter sie, fast unauffällig, und weiß nach einer Stunde, daß er Pille begehrt. Das Gefühl ist so stark in ihm, daß er sich in seine Nähe drängt, ihn bittet, ihm eine Penne zu besorgen. Pille nickt, sagt betont lässig zu seinen Anhängern: Nehmt ihn, Brüder, er soll uns gehören, den schwarzen Gesellen. Axel hört diese Worte, doch sie sagen ihm nichts, und er ist glücklich, in der Nähe des Begehrten bleiben zu dürfen.

Als dann die Lichter in der Kneipe verlöschen, machen sie sich auf den Weg. Ein halbes Dutzend sind sie, auch ein Mädchen ist darunter, das Pille Steffi nennt. Er bumst sie, sagt feixend der Typ neben Axel, er ist nicht schwul, unser Meister! Bin auch nicht scharf drauf, erwidert Axel bockig.

Die Wohnung in dem alten Haus erinnert Axel an das Quartier bei der Lesbe. Drei Räume, die Tapete hängt in Streifen herunter, in einem Raum klafft in der Decke ein großer Riß, durch den Wasser tropft. Dieses Zimmer wird kaum benutzt. In dem kleineren der drei Räume sieht Axel einen Altar. Eigentlich ist es nur ein Spiegel, ein riesiger Ankleidespiegel mit einem Tischchen davor, auf dem Kerzen und eine Schüssel mit Knochen stehen. Zwei Messingkelche, gefüllt mit Wasser und Wein.

Der Spiegel, beschmiert mit satanischen Kreuzen und drei Sechsen, erschreckt Axel. Er weiß nicht, wie er die Gesellschaft, in die er geraten ist, einordnen soll und beschließt, vorsichtig zu sein. Die anderen liegen auf Matratzen, rauchen, flüstern miteinander, einer weist Axel einen Platz zu.

Der Typ von vorhin liegt neben ihm. Ich heiße Klaus, sagt er, ich bin Krankenpfleger, hab da meine Beziehungen! Du verstehst?

Was? fragt Axel verständnislos zurück, doch der andere antwortet nicht mehr. Mit klopfendem Herzen liegt Axel einige Minuten wach, überlegt, ob er sich zu Pilles Lager schleichen soll, als er lustvolles Stöhnen hört. Undeutlich sieht er, daß Pille auf dem Rücken des Mädchens liegt.

In der Nacht träumt Axel, daß er nackt vor dem Altarspiegel liegt, Pille ihm mit beiden Händen sein Glied massiert und die anderen mit weißbemalten Gesichtern schwarze Kreuze auf den Spiegel schmieren.

Als er erwacht, ist heller Tag. Neugierig blickt er sich um. Pille liegt schlafend auf der Matratze, nur der rote Haarschopf ragt unter der Decke hervor. Die anderen Matten sind leer. Aus dem unbesetzten Raum dringt lautes Stöhnen. Es ist Steffi, die stöhnt. Sie trägt einen langen Bademantel, ihre Haare hängen wirr auf die Schultern. Sie geht gebückt hin und her, die Hände auf den Bauch pressend.

Ich bin schwanger, sagt sie, ich kriege ein Kind von Pille. Ich will sein Kind, es stößt in meinem Bauch, und mir ist es zum Kotzen!

Axel hat keinen Augenblick Mitleid mit dem Mädchen, eher empfindet er ein Gefühl der Genugtuung, wenn er an die Szene in der Nacht denkt.

Er will wissen, was der Altar im Nebenraum zu bedeuten hat.

Ein Opferaltar, sagt Steffi mit schmerzverzerrtem Gesicht. Sie nimmt den Bademantel auseinander, Axel sieht ihre Schambehaarung, ihren nackten Bauch.

Faß an, fühlst du, wie es stößt?

Sie legt Axels Hand auf ihren Bauch, der fühlt nichts, außer dem Gefühl des Unbehagens, das ein Schwuler empfindet wenn er die Intimzonen einer Frau berühren muß.

Es stößt, sagt er interessenlos, es stößt gewaltig!

Steffi lacht glücklich. Du sagst es auch, sagt sie fast fröhlich, alle sagen, daß sie es spüren. Sie geht in den Altarraum, verneigt sich flüchtig vor dem Spiegel. Wir glauben an den Satan! Er ist unser Bruder, er verkörpert das Böse, das auch wir wollen. Wir feiern ihm schwarze Messen und bringen ihm Blutopfer. Pille ist unser Meister, und von ihm bekomme ich ein Kind!

Pille kommt nackt aus dem Schlafraum. Schwanger,

21

sagt er ärgerlich, immer höre ich, daß du schwanger bist. Wie lange ist eine Frau schwanger? Bei dir reicht es schon für drei Kinder!

Aufheulend verläßt Steffi den Raum.

Sie spinnt, sagt Pille sachlich, sie bildet sich ein, ein Kind zu kriegen. Sie will es so, aber es ist nicht so.

Du bist ein Klasse-Mann, sagt Axel bewundernd.

Nicht am frühen Morgen, lacht Pille.

Steffis Worte über den Satanskult haben sich in Axels Hirn festgesetzt. Er hat schon von den schwarzen Messen gehört, doch nichts Genaues. Was man eben so hört. Geheimnisvolles Getue bei Fackelschein, Blutopfer! Grausam klingt es, doch wie ernst ist das Ganze zu nehmen? Axel weiß es nicht.

Er verläßt am Vormittag allein die Wohnung, schlendert durch die Straßen, ißt in einer kleinen Kneipe eine Boulette, raucht viel. An diesem Tag lernt er die Queen kennen, einen jungen Burschen mit auffallend schlanker Figur. Gebleichte Haare, hautenge Hosen, rosafarbener Blazer, stark, fast bis zur Unkenntlichkeit geschminkt.

Axel steht auf solche Typen, bewundert ihren Mut zum Risiko, ihre Fähigkeit, die Umwelt zu täuschen; er möchte ähnliches können.

In der Kneipentoilette läßt er sich von der Queen schminken. Die Lippen ein wenig rot, die Augenlider schattiert, Rouge dezent auf die Wangen. Die Kleidung ist echt beschissen, sagt die Queen. Axel weiß es, und es macht ihn unglücklich.

Am späten Abend findet er die Wohnung voller Menschen. Jung sind sie alle, Außenseiter der sozialistischen Gesellschaft, man sieht es ihnen schon von weitem an. Gefärbtes Kopfhaar, skurrile Schnitte, auch Glatze, die Körper in Lumpen gehüllt oder Leder, die Gesichter geschminkt. Sie sitzen auf den Matratzen, rauchen, erzählen.

Niemand nimmt Notiz von Axel. Er sieht dem Krankenpfleger zu, der in einem Mörser Dragees zerstößt, das Pulver an die Anwesenden verteilt. Du mußt es in den Tabak mischen, sagt er, Faustan, verstehst du. Axel rollt sich eine Zigarette, raucht erwartungsvoll, gierig, die anderen beobachtend, die mit geschlossenen Augen dasitzen, die Köpfe gegen die Wände gelehnt.

Nach wenigen Zügen spürt er leichten Hustenreiz, daß die Zunge im Mund kalt wird, dann befällt ihn leichter Schwindel, den er als angenehm empfindet. Er raucht hastiger, atmet den heißen Rauch tief ein, fühlt, wie sich das Schwindelgefühl in ihm verstärkt, hat Mühe, aufrecht sitzenzubleiben. Lehnt den Kopf ebenfalls gegen die Wand, schließt die Augen, hat das Gefühl, sachte bewegt zu werden und seine Umwelt nicht mehr wahrzunehmen. Nur wenige Minuten dauert dieser Zustand, dann klopft der Krankenpfleger wieder den Stößel in den Mörser.

Steffi zündet neue Kerzen an, rutscht dabei auf dem Bauch, den Rock hoch über die Schenkel geschoben. Doch niemand beachtet sie, auch Pille nicht, der mit geschlossenen Augen, leicht schwankend, Axel gegenübersitzt. Dann treffen sich ihre Blicke, sekundenlang, doch jedem ist es Zeit genug, die Wünsche des anderen zu lesen. Und wieder rauchen sie, sinken um, schlafen ein. Pille erhebt sich, geht leicht schwankend in den Altarraum, Axel folgt ihm mit klopfendem Herzen, weiß, daß sein Wunsch sich erfüllen wird. Vor dem Altar breitet Pille eine Decke aus, beginnt sich zu entkleiden, bedeutet Axel, ein Gleiches zu tun, und obwohl es empfindlich kalt ist, sind ihre Leiber heiß.

Es ist noch früher Morgen, als Axel durch lautes Stöhnen erwacht. Er weiß sofort, daß es Steffi ist, die in dem ungeheizten Zimmer herumgeht und sich den Bauch hält.

Stößt es wieder, fragt er teilnahmsvoll und unsicher, wie er sich dem Mädchen gegenüber verhalten soll.

Willst du es spüren, fragt sie glücklich und reißt den Bademantel auseinander.

Axel legt seine Hand auf ihren Leib, länger als noch beim ersten Mal. Kann sein, nickt er dann und ist froh, daß Steffi nicht die Nacht mit Pille erwähnt.

Er soll Satan heißen, wenn er ein Junge wird, flüstert sie geheimnisvoll. Es wird ein Satanskind, weil Pille es mir gezeugt hat.

Ja, sagt Axel unsicher.

Die nächsten Tage weicht er kaum von Pilles Seite. An den Abenden treffen sie sich in der Disco, gehen gemeinsam in die Wohnung, doch sie schlafen nicht mehr miteinander. Pille ist es, der es geschickt zu verhindern weiß.

Axel ist unruhig, eifersüchtig auf Steffi, deren lustvolles Stöhnen er Nacht für Nacht hört. Er gibt sich zufrieden mit einem Löffel-Strich im Schillerpark, nichts Ernstes.

Sein Geld wird knapp, kaum ein paar Mark sind es noch, und das bereitet ihm Sorgen. Ähnlich wie in Berlin will er sich nicht verhalten, nicht immer auf der Hut sein müssen vor den Betrogenen und deren Rache.

Komm mit mir, sagt die Queen, die sich in den Hotels gut auskennt, doch Axel will nicht auf Pilles Gegenwart verzichten.

Eines Abends wird in der Wohnung eine Messe vorbereitet. Du sollst daran teilnehmen, sagt Pille zu Axel. Der sieht neugierig und ein wenig unruhig den Vorbereitungen zu. Pille stellt Kerzen vor den Spiegel, zündet sie an.

Axel sieht verunsichert, daß neben dem Altartisch ein Hauklotz steht. Ein ganz gewöhnlicher Hauklotz aus Holz, doch darauf ein blinkendes Beil. Pille prüft die Schärfe, nickt zufrieden. Geh noch hinaus, sagt er zu Axel. Der geht, dreht sich noch einmal um und sieht mit Schaudern Pilles Schatten an der Wand.

Rauchend auf der Matratze, wundert sich Axel, daß

Steffi nicht da ist, auch nicht der Krankenpfleger. Zu gern hätte er jetzt eine Zigarette geraucht, die, mit dem Pulver vermischt, ihm einen Trip in die Wolken verschafft hätte. Minuten nur, doch auch Minuten können eine Ewigkeit sein, weiß er. Gäste kommen, die Axel nicht kennt. Jung sind sie alle, schweigsam, verschwinden im Altarraum. Einmal glaubt Axel für einen Moment das aufgeregte Gackern eines Huhnes zu hören.

Monotones Stimmengemurmel dringt aus dem Nebenraum. Pilles Stimme ist zu hören, die Satanas ruft, ihn um Hilfe bittet und darum, ihr Opfer gnädig anzunehmen. Auch seinen Namen hört Axel. Zögernd betritt er den Altarraum, geblendet vom flackernden Schein zahlloser Kerzen. Es riecht betäubend nach abgebrannten Räucherstäbchen. Sechs in schwarze Gewänder gehüllte Gestalten knien im Halbkreis vor dem Altar. Axel kann nicht mehr erkennen, wer von den Knienden Pille ist.

Einer von ihnen erhebt sich, zerrt aus einem Korb ein Huhn, dessen Schnabel mit Pflaster zugeklebt ist. Hebt es hoch in die Luft, sich dabei vor dem Spiegel verneigend, ein anderer greift die Trinkgefäße, hebt sie ebenfalls in die Luft, kniet neben dem Hackklotz nieder.

Axel ahnt, was geschehen wird. Er spürt, wie die Übelkeit in ihm hochsteigt, er schluckt, krampfhaft bemüht, sich nicht zu erbrechen.

Der stehende Vermummte trennt mit einem Beilhieb den Kopf des Huhnes vom Rumpf, hat Mühe, das zappelnde Tier in den Händen zu behalten, hält es dann über die Trinkgefäße, in die das Blut in feinem Strahl spritzt. Der Kniende vermischt Blut und Wein, reicht den Becher dem Stehenden, der ihn an die Lippen hält, trinkt, sich verbeugt, den Becher dem Nächsten reicht.

Auch Axel bekommt den Becher. Er hebt abwehrend die Hände, hört Pilles Stimme, die ihn auffordert, im Nebenraum zu warten und geht erleichtert. Sitzt wieder rauchend auf der Matratze, hört das monotone Gemurmel der Betenden, das lauter wird, heftiger, in Schreie übergeht, dann ist es ruhig. Beunruhigend ruhig, findet Axel. Als er Schritte hört, steht er auf, sprungbereit, er weiß nicht warum.

Sechs große Schatten fallen ins Zimmer, greifen nach Axel. Pilles Stimme ertönt: Jetzt opfern wir dich dem Satan!

Axel stößt einen Schrei des Entsetzens aus, schleudert die Schatten beiseite, läuft aus dem Raum, dem Haus, auf die Straße, die in der Dunkelheit leer und regenfeucht vor ihm liegt. Rennt mit keuchenden Lungen minutenlang. Dann verharrt er, nach Luft ringend und taumelnd, sich umsehend, ob er verfolgt würde. Als er keine Verfolger sieht, wird er ruhig, zündet sich mit zitternden Händen eine Zigarette an, raucht hastig, spuckt auf die Straße, lacht kurz auf und geht mit langen Schritten die Straße entlang.

In der Stammdisco trifft er die Queen.

Du siehst total beschissen aus, sagt die zur Begrüßung.

Axel erzählt von der schwarzen Messe.

Der läuft nicht rund, sagt die Queen, der gehört in die Gummizelle. In der Toilette kämmt und schminkt sie Axel.

Sie verlassen die Disco, beschließen, in ein Café zu gehen, das auch Treffpunkt vieler Schwuler ist. Dort treffen sie Joachim, einen Bekannten der Queen, einen Geschäftsmann. Er ist im besten Mannesalter, beleibt. Axel findet ihn widerlich. Joachim spendiert, zeigt sich großzügig, er will Axel, er sagt es offen. Der willigt ein, doch froh, einen Unterschlupf gefunden zu haben. Möglich, daß der morgige Tag Neues, Besseres bringen wird.

Um Mitternacht trennen sie sich. Die Queen geht kußhändchenwerfend und hackenklappernd, Joachim und

Axel besteigen ein Taxi, das sie in rascher Fahrt aus dem Stadtzentrum bringt.

Joachim bleibt großzügig. Er gibt Axel einen Wohnungsschlüssel als Zeichen seines Vertrauens und ein reichliches Handgeld. Für ihn ist es selbstverständlich, daß Axel sein Partner bleibt.

Der aber merkt sehr rasch, daß er mit seiner neuen Bekanntschaft keinen besonders guten Griff getan hat. Die nächsten Tage, besser: die nächsten Nächte werden eine Qual für ihn. Joachim erweist sich als brutal und rücksichtslos in den körperlichen Beziehungen, als egoistisch, mitleidlos fordernd.

Axel hat das Gefühl, nur benutzt, sexuell erpreßt zu werden. Er ist bemüht, sich eine andere Bleibe zu suchen, doch umsonst, keine seiner Bekanntschaften verfügt über eine freie Wohnung.

Schließlich beschließt er, Joachim zu verlassen, egal was geschieht, will sein Selbstwertgefühl nicht völlig verlieren. Auf dem Küchentisch liegen fünfzig Mark. Axel nimmt sie mit, in dem Glauben, daß sie für ihn bestimmt sind. Schon Stunden später sucht und findet ihn die Volkspolizei. Eine Anzeige liege gegen ihn vor, sagt der protokollierende Polizist, wegen Einbruchdiebstahls. Axel hat Angst, genauer überprüft zu werden. Er schildert, wie sein Verhältnis zu Joachim war. Ich hatte einen Schlüssel, sagt er, einen Schlüssel von Joachim, ich konnte die Wohnung zu jeder Zeit und Stunde betreten. Das Geld war für mich, dachte ich, er hat immer regelmäßig Geld auf den Küchentisch gelegt.

Die Polizei läßt ihn gehen. Axel fährt mit der nächsten Straßenbahn zum Bahnhof. Er möchte Leipzig verlassen, doch wohin? Er weiß es nicht, vertraut auf sein Glück, löst eine Fahrkarte nach Halle, wo es eine Schwulendisco geben soll. Am frühen Abend erreicht er Halle, fragt sich zur Disco durch, findet, daß sie eine Disco ist wie alle, die er kennt. Er ist enttäuscht, doch da stößt er mit einem zusammen, der ihn zum Bier einlädt, sagt, daß er Bauarbeiter sei und Mario heiße.

Die beiden mögen sich auf Anhieb, tanzen aneinandergeschmiegt. Axel ist erregter als sonst, weil er spürt, wie Marios Gegenwart ihn die bösen Erlebnisse mit Joachim vergessen läßt. Sie schlafen miteinander, Axel findet sein seelisches Gleichgewicht wieder und hat ehrliche Gefühle für seinen neuen Partner. Gern würde er bei ihm bleiben, doch er weiß, daß es nicht geht. Die Wohnung gehört zur Hälfte Mario und zur Hälfte seinem Cousin, der seinen Dienst in der Nationalen Volksarmee schiebt.

Tagsüber schlendert Axel durch die Innenstadt, lernt in einem Café Zilly kennen, eine junge Frau, Mutter von zwei Kindern. Sie spricht ihn an, sagt ihm, daß sie seine strahlend blauen Augen faszinierend findet.

Axel fühlt sich geschmeichelt, lädt Zilly zum Kognak ein, erfährt, daß sie nur für zwei Tage in Halle sei, um mit Harry, einem Musiker und Vater ihres jüngsten Kindes, reinen Tisch zu machen.

Als sie Axel bittet, ihr die Stadt zu zeigen, tut er es gern. Beim Mittagessen erzählt sie ihm, daß sie aus Dresden stamme, in ihrer großen Wohnung einige Untermieter beherberge. Wir sind so etwas wie eine Wohngemeinschaft, sagt sie, wir vertragen uns. Zoff gibt es auch, doch der ist am nächsten Tag wieder vergessen.

Sie gibt sich ihm als leidenschaftliche Frauenhasserin zu erkennen. Männer seien das Glück des Lebens, philosophiert sie, und als sie sich trennen, lädt sie Axel nach Dresden ein. Wenn du willst, komm mit deinem Rucksack, einen Platz für dich finden wir.

Axel verspricht es.

Die Nächte gehören Mario, aber nach drei Tagen trennen sie sich.

In Leipzig sucht Axel die Queen, findet sie in einer Schwulenkneipe. Am Tisch sitzt ein älterer Mann im grauen Anzug. Ich liebe die Queen, sagt dieser, ich lade euch in mein Haus ein. Kommt, ihr Guten!

Mit dem Auto fahren sie an den Rand der Stadt. Hier bewohnt der Mann ein hübsches Haus, das zwischen breitkronigen Linden steht. Es ist nicht leer, wie Axel und die Queen angenommen haben. Eine Frau öffnet die schwere Eingangstür.

Na ja, sagt sie, geht schwerfällig voran, ein Bein deutlich nachziehend.

Dann sitzen sie im Wohnzimmer, Minuten sind es nur, doch für Axel scheint es eine Ewigkeit zu sein. Es ist ihm peinlich, so zu sitzen, den Hausherren und die Queen zu beobachten, die sich verliebte Blicke zuwerfen und durch die Gegenwart der Frau nicht stören lassen.

Ich habe in der Küche zu tun, sagt sie plötzlich und geht.

Axel folgt ihr, setzt sich, sieht der Frau zu, die Kaffee kocht, einige Brote schmiert und beides vor ihn stellt. Er versucht, sich seine Mutter vorzustellen, hat dabei Mühe, sich an ihr breites Gesicht mit den Augen, die so gern lachten, zu erinnern. Die Frau beobachtet ihn schweigend, mit fast mütterlichem Blick, wie er ißt, die Blicke auf den Teller gerichtet.

Bist wohl aus dem Nest gefallen, fragt sie.

Axel lacht lautlos mit vollem Mund, nickt schüttelnd den Kopf.

Es macht mir nichts aus, wenn er sich die Jungens ins Haus holt, sagt sie plötzlich. Überhaupt nichts! Früher hätte es mir was ausgemacht.

Sie schweigen, hören die Kuckucksuhr zehnmal schlagen und vom Obergeschoß unterdrückte Stimmen. Als die Uhr zwölfmal schlägt, legt die Frau eine Decke auf das kurze Sofa im Wohnzimmer. Besser als nichts, sagt sie mit Blick auf Axels lange Gestalt. Der legt sich angezogen hin, hört noch irgendwo das Rauschen einer Wasserspülung und schläft sofort ein.

Am nächsten Morgen sieht Axel die Frau nicht mehr. Der Mann nimmt ihn und die Queen mit in die Stadt. Bis demnächst, sagt er zur Queen.

Den ganzen Tag ziehen sie von einer Kneipe in die andere. Die Queen hat Geld, ist spendabel. Abends gehen sie in den Schillerpark, ihnen ist nach schnellem Sex. Sie sind wählerisch, gehen an den rauchenden und frierenden Männerpüppchen vorbei, reagieren nicht auf Zurufe. Dann sehen sie einen, den sie sofort Indianer nennen. Er hat eine Hakennase, die schwarzen Haare im Nacken gebunden, er wirkt drahtig.

Wir sind sehr frei, sagt die Queen, der Indianer nickt, sagt okay, dann gehen sie zu dritt.

Er hat eine Neubauwohnung. Keine Frau erwartet sie, dafür ein heißes Bad und ein breites Bett. Sie halten sich nicht lange bei der Vorrede auf, machen, was sie wollen – alle drei.

Am nächsten Morgen stehen sie frierend auf der Straße, der Indianer hat schon kurz nach sechs Uhr mit ihnen die Wohnung verlassen.

Sie gehen zum Bahnhof, wärmen sich dort auf, sitzen im Wartesaal, mitleidig, spöttisch und kopfschüttelnd von den Reisenden gemustert. Ramponiert sehen sie aus. Die Schminke der Queen ist verwischt, die Barthaare schimmern durch, Hose und Hemd sind zerknittert. Axel sieht nicht besser aus.

Im Postamt gibt Axel ein Telegramm an Zilly auf. Ankomme morgen. Gruß Axel.

Den Tag und die Nacht über will er noch mit der

Queen zusammensein. Sie haben vor, durch die Hotels zu ziehen, sich einen großen Fisch zu angeln, denn Geld brauchen sie beide. Der Tag ist für sie Routine. Kneipen, Bekannte, mal eine Zigarette lang Erinnerungen aufgefrischt. Sie wissen genau, daß die Freier, die sie wollen, tagsüber Geld verdienen müssen. Am Abend sind sie offen für Flirts und Sex.

Es ist nach zweiundzwanzig Uhr, als sie, aufdringlich kichernd, die Halle eines Renommierhotels von Leipzig betreten. Die drohenden Blicke des Portiers übersehen sie. Die Bar ist mäßig besucht. Einige Paare, einzelne Herren, einzelne Damen, eine Gruppe Ausländer. Afrikaner. Sie unterhalten sich laut, lauter als hier schicklich, sind angetrunken und ganz offensichtlich auf der Suche nach einem billigen Abenteuer.

Hach, guck doch mal, die schwarzen Männer, sagt die Queen laut. Hach, Axel, kauf mir einen oder zwei. – Hach, ich will sehen, ob die gebogene Schwänze haben! – Hach, mein Gott, was sind die schön schwarz!

Axel lacht, die Queen lacht, die Afrikaner lachen nicht. Sie gehen in drohender Haltung auf die beiden zu, einige Gäste verlassen eilig die Bar.

Doch nicht alle auf einmal, ruft die Queen. Dann laufen sie aus der Bar, quer durch die Halle, verfolgt von den wütenden Afrikanern.

Einige Querstraßen weiter verschnaufen sie, lachen und wissen doch sehr genau, daß die Sache für sie hätte übel ausgehen können. Sie ziehen durch die Kneipen, hoffen, jemanden zu finden, der ihnen ein Bett, Zärtlichkeit und Geld bietet. Mitternacht ist längst vorbei, ihre Hoffnung erfüllt sich nicht. Sie frieren, die Nacht ist kalt und feucht. Auf dem Bahnhof wollen sie im Schutz der Halle den Morgen abwarten. Gern tun sie das nicht, sie fürchten die Streifen der Volkspolizei, deren Ausweiskontrollen und peinliche Befragungen.

Doch die Queen hat eine Idee. Eine halbe Stunde später klopfen sie an eine Tür, eine alte Frau öffnet ihnen, die Queen sagt, daß sie ohne Asyl seien, die Alte lacht verständnisvoll, bittet sie herein. Ein großes Zimmer, warm, einige Männer, eine gemütliche Runde. Axel setzt sich neben einen Chinesen, der ihm sagt, daß er Wang heißt.

Er ist Student, sagt die Alte, er kann aus deiner Hand deine Vergangenheit ablesen! Wang lacht, die Queen lobt die Alte.

Unser aller Mutter hat noch nie einen Schwulen im Stich gelassen.

Laß das, wehrt sie ab. Ephigenie reicht, Queen. Dann steht sie auf, massiert sich ächzend die Hüften. Ich geh schlafen, sucht euch ein Plätzchen.

Axel rutscht näher an Wang heran. Sag mir meine Vergangenheit, flüstert er. Der andere zögert, blickt auf die Liegenden, dann auf Axel, der plötzlich das Gefühl hat, in die Augen des Chinesen einzutauchen, die größer und größer zu werden scheinen. In seinem Kopf breitet sich eine seltsame Leere aus, krampfhaft versucht er zu denken, zu begreifen, was mit ihm geschieht, umsonst, er ist zu keinem klaren Gedanken fähig. Er spürt die Hand Wangs auf seiner Hand, dann seine Stimme, die leise ist, zögernd. Wangs Augen sind geschlossen, sein Körper zittert, die Wellen übertragen sich auf Axels Körper, lassen ihn schwanken, nehmen ihm die Fähigkeit, seine Bewegungen zu koordinieren.

Die Stimme, die er hört, drängt ihm Bilder auf, die er kennt, sie schon fast vergessen hat. Er glaubt den schnauzbärtigen Lehrmeister vor sich zu sehen, dessen Stimme zu hören, die ihm jeden Morgen sagte, daß er ein Weichling, ein Muttersöhnchen, eben ein Schwuler sei. Mutters vorwurfsvolles Gesicht erscheint, ihre Stimme ist leise, als sie ihm sagt, daß er es schwer haben würde im Leben, mit einer abgebrochenen Lehre.

Und irgendwann hast du beschlossen, die Menschen, die nicht gut zu dir waren, zu verlassen. Irgendwann aber willst du zu ihnen zurückkehren, um sie mit deiner Güte zu beschämen und deinem Reichtum neidvoll zu machen.

Das ist der letzte Satz, den Axel von Wang hört. Er glaubt, aus einem Traum zu erwachen, ist fassungslos, sieht, wie Wang den Kopf auf den Teppich legt und in Sekundenschnelle einschläft. Er beißt sich in den Finger, spürt den Schmerz, dann rekonstruiert er mühsam, was der Chinese ihm erzählt hat.

Es stimmt alles.

Dresden

Vor dem Hauptbahnhof in Dresden sind Männer damit beschäftigt, die Straße von Glasscherben und Pflastersteinen zu säubern. Volkspolizisten sehen rauchend zu.

Axel sieht sie mit Unbehagen, er will wieder zurückgehen, fällt dadurch auf. Ein Uniformierter ruft ihn an. Hallo, Sie, bleiben Sie mal stehen! Er fordert den Personalausweis, blättert umständlich darin herum. Wohin wollen Sie, junger Mann?

Ich will hier arbeiten, sagt Axel schnell, arbeiten und bei meiner Freundin wohnen. Er nimmt hastig den Ausweis aus den Händen des Uniformierten, geht, erfüllt von der Angst, nochmal zurückgerufen zu werden.

Von den Unruhen hat er flüchtig gehört. In Berlin und Leipzig und Dresden soll es Demonstrationen gegeben haben, Schlägereien mit der Staatsmacht. Es hat ihn nicht sonderlich interessiert. Vor einem Schaufenster bleibt er stehen. Blaue Zweireiher auf Puppen mit lächelnden Gesichtern, dezent gestreifte Krawatten, weiße Schals, dazwischen sieht er einen hoch aufgeschossenen Jungen, unrasiert, in dünnem Mantel, eine Plastetüte in der Hand, rauchend.

Sein Spiegelbild gefällt ihm nicht; er weiß es wohl, daß Kleider Leute machen. Bei Pille und der Queen hat er es erlebt. Er fährt mit gespreizten Fingern durch die langen Haare, stellt sich eine Gloriafrisur vor, nickt sich zu und geht aufgerichtet und leicht hüftenschwingend.

Zilly ist ehrlich erfreut, ihn zu sehen. Sie ist in Eile. Ich muß weg, sagt sie, ich arbeite bei der Volkssolidarität, ich versorge einige Alte. Die Kinder sind im Kinderzimmer, fühl dich wie zu Hause. Flüchtig überlegt Axel, was es bedeutet, sich wie zu Hause zu fühlen. Er begeht die Wohnung. Fünf Zimmer, Küche, Bad. Die Räume sind hell, sauber. Eine Wohngemeinschaft, weiß er. Ein Wohnzimmer, das gemeinsam genutzt wird, in zwei Zimmern Campingbetten, Sitzkissen auf dem Fußboden.

Im Kinderzimmer ein Mädchen mit Zöpfen. Ich bin sieben, sagt es unbefangen, ich heiße Paula, das ist Iwan, er pennt. Neugierig sieht Axel über das Gitter auf den Kleinen, riecht den typischen Säuglingsgeruch – Seife und Puder – atmet tief und weiß, daß es ihm in Zillys Wohngemeinschaft gut gefallen wird.

Am Abend lernt er Peter kennen, den Bärtigen, den Kettenraucher, der Büchereigehilfe in der Uni ist. Mambo, den Dicken, ein Koloß, Pfeifenraucher, unerschütterlich in seinen Ansichten, Lokschlosser. Sergej, den Hastigen, der ständig Streit sucht und nichts von Arbeit hält. Jeden dritten Tag wechselt er die Arbeitsstelle.

Axel erzählt ihnen von sich. Ich bin schwul, sagt er, ich weiß nicht, was ich will, aber ich weiß, was ich nicht will. Sergej erwidert boshaft, daß diese Ansicht schizophren sei. Gäste kommen, junge Männer, die rauchen, Unmengen Tee trinken und über Gott und die Welt reden.

Axel bekommt sein eigenes Zimmer, es ist ihm sehr recht. Mit Mambo hätte er eventuell noch gern gewohnt, vielleicht auch noch mit Peter, mit Sergej aber auf keinen Fall.

Als er nachts das Klo sucht, hört er Zillys lustvolles Stöhnen. Auch ihm ist nach Sex.

Am nächsten Tag wickelt er Iwan in frische Windeln,

gibt ihm das Fläschchen, gefällt sich in dieser Rolle. In der Besenkammer findet er eine farbbekleckste Malerhose ein ebensolches Hemd, eine Fellweste. Kaninchenfelle sind es, primitiv zusammengenäht, ohne Ärmel. Er paßt sie an, findet sich gut darin. Als er am frühen Nachmittag das Haus verläßt, ist er nicht zu erkennen, mit Malerhose, Weste und Schuhen ohne Schnürsenkel. Seine Haare stehen wirr und lackiert vom Kopf ab, das Gesicht ist dezent weiß, die Lippen sind rot, die Augenlider lila geschminkt. Die erstaunten Blicke der Vorübergehenden tun ihm wohl, die spöttischen ignoriert er. Frei fühlt er sich, unsagbar frei.

In Cafés und Kneipen sucht er mit dem Blick des Kenners eventuelle Partner. In einem Café findet er, was er sucht. Junge Leute, Studenten, einzelne ältere Herren, dezente Musik.

Gäste und Kellner mustern ihn erstaunt. Er setzt sich, schlägt die Beine übereinander, raucht gelangweilt. Mixen Sie mir Kognak und trockenen Sekt, sagt er zum Kellner, ohne Eis, handwarm, leicht geschüttelt. Dann trinkt er mit geschlossenen Augen, sagt: Eine Spur zu warm. Fragt: Ist eine Nachricht für mich da? Trojan von Lechen heiße ich!

Der Kellner beeilt sich, läuft zur Bar, bedauert, macht einen Bückling; wenn der Herr noch einen Wunsch hat!

Der hat keinen, zahlt, läßt sich die Tür vom Kellner aufhalten, geht und sieht die fragenden Blicke der Gäste. Axel ist zufrieden mit sich, weiß, daß er morgen in dem Café bevorzugt behandelt wird. Einen Trojan von Lechen muß man bevorzugt behandeln, einen Adligen, einen Existentialisten – Künstler natürlich –, der möglicherweise auch in harter Währung zahlen könnte.

In einem anderen Café setzt er sich an einen Tisch, an dem Ausländer sitzen. Westleute – sieht er auf den ersten Blick. Tatsächlich sind es Schweden, Teilnehmer an einem internationalen Kongreß. Er läßt sich nur zu gern von ihnen einladen, trinkt Unmengen Kognak und Sekt und behauptet, Pianist zu sein. Kein Profi, nein, Amateur sei er, aber einer, der sich Ort und Zeit seiner Konzerte aussuchen könne.

Die Konzertsäle der Welt stünden ihm offen, ihm, dem Sohn des Dirigenten Lechen, der schon mit fünf Jahren Bach gespielt habe. Die Schweden sind freundliche Leute, zahlen, bieten ihrem Gast an, auch einmal in Schweden ein Konzert zu geben.

Axel sagt zu, winkt ihnen nach und ist mit sich und der Welt sehr zufrieden. Er findet es gut, sich als Pianist ausgegeben zu haben und beschließt, dabei zu bleiben. Über die Möglichkeit, irgendwann einmal als Pianist gefordert zu werden, denkt er nicht nach.

Es ist Nacht, als Axel in die Wohngemeinschaft zurückkehrt. Alle sind noch wach, auch Gäste sind da.

Heute morgen habe ich in der Küche komischen Tee gefunden, sagt Axel beschwipst zu Zilly. Die lacht, zieht ihn ins Wohnzimmer. Es ist Gras, sagt sie spöttisch, hast du schon Gras geraucht, du Bekleckster? Hat er nicht. Die Erregung überkommt ihn so stark, daß seine Hände kaum die Zigarette halten können. Tief inhaliert er den Rauch, auf die Wirkung wartend, von der er glaubt, daß sie ein Gefühl sei, schöner als jedes andere.

Während er raucht, kommt er auf den Gedanken, abhängig zu werden von dem Stoff, der sich kaum beschaffen läßt in der sozialistischen Deutschen Demokratischen Republik. Doch nur den Bruchteil einer Sekunde ist diese Angst in ihm, sie wird überlagert von dem Gefühl der Leichtigkeit, das in ihm wächst, größer wird, ihn vom Boden hebt und ihn sacht schweben läßt.

Am frühen Morgen wird er wach, hört Iwan weinen. Zilly liegt mit geöffneten Schenkeln auf dem Sofa, dazwischen Peters Kopf. Axel wickelt Iwan, macht das Fläschchen warm, füttert das Baby. Zilly kommt gähnend, legt einen Geldschein auf den Tisch. Für deine Hilfe, sagt sie.

Axel ist ohne Geld. Es wäre nicht schwer, einen Freier zu finden, ihn um sein Geld zu erleichtern. Doch er will nicht kriminell werden, sich immer und überall sehen lassen können. Stricher will er nicht sein, Lustobjekt der anderen. Trojan von Lechen wäre seine Welt, der Künstler, der Pianist, den man sich einlädt, gern zu Gast hat, in den Cafés und zu Hause.

In den nächsten Tagen lebt er von Zillys Geld, doch es reicht nicht lange. Ungern borgt er sich Geld von seinen Caféhausbekannten. Meine Schecks sind alle, ihr versteht! Jeden zweiten Abend raucht er Marihuana, die Angst vor der Gewöhnung ist vergangen, er fühlt sich danach gut drauf.

Eines Abends lernt er Väterchen kennen, einen kleinen, unscheinbaren Mann, der allabendlich in einem Café sitzt, still, unauffällig, einen Schoppen Wein vor sich auf dem Tisch.

Ich würde mich freuen, wenn du mein Gast wärst, sagt er umständlich. Ich mag junge Menschen, ich habe dich oft beobachtet, du gefällst mir!

Axel will unwillig ablehnen, der Alte scheint ihm kein Schwuler zu sein, doch er setzt sich, läßt sich einladen, trinkt, was der Alte bestellt. Der hält kräftig mit, nach einer Stunde sind beide leicht betrunken.

Ich bin Pianist, erzählt Axel, ein begnadeter Pianist. Er legt gekonnt Redepausen ein, betrachtet seine schlanken Finger. Der Verlust meiner Mutter macht mich unfähig, mich Bach oder Chopin zu nähern. Ich vegetiere dahin, ein Tier bin ich, ohne Freunde, ohne Geld! Seine Stimme ist leise geworden bei den letzten Silben, kaum hörbar.

Der Alte hat sie verstanden, legt seine Hände wortlos auf die des Jungen, greift in die Brusttasche, blättert einige

Hunderter auf den Tisch. Gib es mir wieder, wenn du es kannst, sagt er mit Tränen in den Augen, und nicht die Spur des Mißtrauens ist ihm anzumerken, daß der seltsam gekleidete junge Mann ein Scharlatan sein könnte.

Es bleibt nicht bei dem einen Mal. Noch dreimal öffnet der Alte in den nächsten Tagen seine Brieftasche, arglos, in dem Glauben, Gutes zu tun.

Axel lebt in den Tag hinein. Nicht sorglos, denn er fürchtet, daß sein kunstvoll gebautes Lügengebäude eines Tages einstürzt. In den Cafés und Kneipen, in denen er jetzt verkehrt, drängt man darauf, ihn spielen zu hören. Wenn man schon so einen berühmten Pianisten in der Bekanntschaft hat . . .

Jedes Mal weicht Axel geschickt aus. Mal ist es die fehlende Intension, mal der Raum, er wirkt glaubhaft.

Einmal laden ihn Studenten ein. In unserer Mensa ist doll was los! Die Vorstellung, mit Akademikern und Präakademikern zu feiern, gefällt ihm. Es ist eine typische Studentenfete. Bunt, laut, unkonventionell! Mittelpunkt ist Axel, wenigstens bis zu dem Augenblick, wo man ihn bittet, eine Probe seines Könnens zu geben.

Ich erbitte Silentium, ruft jemand.

Axel geht an den Flügel, hebt den Deckel, massiert sich die Finger, schlägt wahllos einige Akkorde an, schließt den Deckel. Ich spiele grundsätzlich nicht auf verstimmten Instrumenten, sagt er betont deutlich. Dann verläßt er die Fete, fast beleidigt. Die Anwesenden finden es in Ordnung so, jeder Künstler hat schließlich das Recht, sensibel zu sein. Aber Axel ist durch dieses Vorkommnis unsicher geworden. Seine Schuld summiert sich, so wie damals in Berlin.

Um Väterchens Stammcafé macht er nun einen großen Bogen, die Studentenkneipen meidet er, und da er als Trojan von Lechen dort sehr bekannt ist, ist die Angst in ihm, eines Tages in eine Polizeikontrolle zu geraten.

Zillys Iwan ist ihm Trost, er wickelt ihn, füttert ihn, fährt ihn aus, bietet den Passanten ein seltsames Bild, wenn er geschminkt und frisiert und in der beklecksten Kleidung den Kinderwagen schiebt. Zu seinen Mitbewohnern hat er wenig Kontakt, mal ein paar Stunden am Abend, wenn sie Gras rauchen. Es gefällt ihm, den Rauch tief zu inhalieren, mit jedem Zug die unangenehme Welt zu vergessen, sich in die Träume zu flüchten.

Nebenerscheinungen des Rauchens kennt er nicht, und er weiß bald, daß er gern stärkeren Stoff probieren würde.

Durch Zufall lernt er Ira kennen, eine Kunststudentin. Sie gefällt ihm und er ihr. Als Zilly davon erfährt, legt sie Axel nahe, ihre Wohnung zu verlassen. Erst später erfährt er, daß zwischen Zilly und Ira eine – wie man sagt – Todfeindschaft herrscht. Warum, das weiß niemand.

Er zieht zu Ira, sie bewohnt eine Atelierwohnung in einem Altbau.

Ich möchte dich malen, sagt sie.

Stundenlang sitzt er ihr Modell, sieht sich auf der Leinwand, fragt, was mit dem Bild geschehen würde. Ira gibt ihm keine Antwort darauf.

An einem späten Abend gerät Axel unweit des Hauptbahnhofs in eine Menschenansammlung. Sprechchöre, die er nicht versteht, Sirengeheul, Blaulicht auf Polizeiautos, Uniformierte versuchen, die Ansammlung aufzulösen. Instinktiv läuft Axel den Weg zurück, mit keuchender Lunge und der Angst, in eine Ausweiskontrolle zu geraten. In der Nacht wälzt er sich schlaflos in den Kissen, denkt an seine Schulden, die er nicht zurückzahlen kann, und daran, daß Trojan von Lechen eine zu bekannte Figur in den Cafés und Kneipen geworden ist.

Am nächsten Morgen nimmt er den Schnellzug um acht Uhr, sein Ziel ist wieder Berlin.

Berlin (Ost)

Es ist Mittag, als Axel in Berlin ankommt. Ein wenig Trauer ist in ihm, er hat sich nicht von Ira verabschiedet, die er sehr mag. Ich werde ihr schreiben, nimmt er sich vor, ihr alles erklären, sie wird mich verstehen.

Die Lesbe will er suchen, ihr von seinen Erlebnissen erzählen, neue Bekanntschaften machen, vielleicht solche, die ihm Geld bieten oder Wohnung oder beides.

Es ist fast November, die Tage sind kalt, die Nächte noch kälter, und Axel liebt die Wärme.

Er setzt sich in ein Café, raucht, denkt nach. Trojan von Lechen will er sich nicht mehr nennen, die bürgerliche Kleidung steht dem entgegen. Geld muß er verdienen, denn seine Barschaft besteht nur aus einigen kleinen Scheinen, gerade genug für Kaffee und Zigaretten.

In der Wohnung der Lesbe trifft er einen jungen Burschen, der auf der Matratze sitzt, mal von einer Scheibe Brot, mal von einer Bockwurst abbeißt. Du bist wohl der Schwule? fragt er kauend. Ich heiße Sven, ich bin ein Freund von Claudia, wir kennen uns schon lange, okay? Er bietet Axel Wurst und Brot an, der ißt hungrig, dann rauchen sie.

Sie hat von dir erzählt, sagt Sven, du sollst ein ganz cooler Typ sein.

Axel zuckt mit den Schultern.

Sven steht auf. Komm mit, sagt er kurz.

Sie fahren mit der S-Bahn bis zur Endstation Friedrichstraße, gehen einige hundert Meter, bis sie die Grenzmauer sehen.

Wir sollten abhauen, Mann, sagt Sven erregt. Über die Mauer! – Es ist ganz leicht. He, Mann, was ist?

Axel denkt nur Sekunden nach. Gemacht, sagt er, wann?

Morgen, antwortet Sven, morgen um diese Zeit.

Sie trennen sich, Minuten später fällt Axel ein, daß er vergessen hat, sich nach der Lesbe zu erkundigen.

In dieser Nacht trifft er Friedo wieder, den Verheirateten. Ich bin gegangen, sagt er, besser gesagt, meine Frau hat mich rausgeschmissen. Allen hat sie erzählt, daß ihr Mann ein Schwuler ist, den Nachbarn, den Freunden; Mensch, so eine Scheiße!

Sie gehen durch die leeren Straßen, Geld für ein Taxi haben sie nicht, die S-Bahnen fahren nicht mehr.

Die Lesbe ist immer noch nicht da, auch Sven nicht. Auf einer Matratze lieben sie sich, bis der Morgen graut, dann schlafen sie erschöpft ein. Um die Mittagszeit geht Friedo. Ich wohne jetzt in der Laube, sagt er, du bist immer willkommen! Sie küssen sich zärtlich. Axel blickt ihm nach, wie er mit hochgezogenen Schultern und schnellen kleinen Schritten die Straße entlanggeht. Er hat Hunger, hätte gern einen heißen Kaffee getrunken, ein Bad genommen; er geht in die Wohnung zurück, findet einen Rest Limonade und Knäckebrot, das weich ist. Lustlos ißt er, denkt an Friedo, der jetzt in der Laube zwischen den faulenden Äpfeln haust und hat Sven und ihr gemeinsames Vorhaben fast vergessen.

Gegen drei Uhr erscheint Sven. Er trägt einen Rucksack, ist hektisch, breitet einen Stadtplan aus.

Hier versuchen wir es, bestimmt er. Ich klettere auf deine Schultern, knipse den Stacheldraht durch, ziehe dich hoch. Auf der anderen Seite runter, sprinten über den Todesstreifen, bis wir drüben sind!

Axel nickt. Bedenken hat er keine, welche auch, die Grenzer würden nicht schießen, am hellen Tag nicht, und in Gegenwart der vielen Passanten an der Mauer schon gar nicht, denkt er.

Mit einem Bleistift schreibt Axel einen Gruß für die Lesbe an die Tapete.

Gegen siebzehn Uhr sind sie an Ort und Stelle. Nur vereinzelt eilen Passanten vorbei, ohne Blick auf die Mauer.

Und plötzlich überkommen Axel Zweifel, ob die Sache gutgehen würde. Die Mauer erscheint ihm zu hoch, die Uniformierten, die er in der Ferne sieht, flößen ihm Furcht ein. Er sagt nichts, folgt Sven, der auf die Mauer weist, etwa hundert Meter weiter. Dort, sagt er so unbefangen, wie er nur kann. Sie bemerken nicht die Grenzstreife, die scheinbar aus dem Nichts kommt, die beiden anruft: Hallo, Sie, bleiben Sie mal stehen!

Axel fühlt vor Schrecken seine Knie zittern, sein Gesicht rot werden, weiß, daß aus ihrer Flucht nichts mehr wird.

Die Uniformierten prüfen ihre Ausweise, ein Jeep rollt heran, dunkelgrau mit dem Emblem der Deutschen Demokratischen Republik auf den Türen. Wir bringen Sie zur Klärung in unsere Dienststelle, sagt ein Uniformierter mit den Schulterstücken eines Leutnants.

Der Rucksack wird ihnen abgenommen, sie steigen hinten ein, verfolgt von den Blicken der Passanten, die nur flüchtig stehenbleiben, dann rascher weitergehen.

Weshalb nehmen Sie uns mit? fragt Axel gewollt ruhig, die Erregung mühsam verbergend.

Wegen versuchter Republikflucht, sagt der Offizier knapp, schweigen Sie jetzt!

Sie fahren an der Mauer entlang, sind nach einigen Minuten im dichten Stadtverkehr, Axel hat die Orientierung verloren.

Nach einer Stunde liest er im Licht des Scheinwerfers den Ortsnamen Waltersdorf, nach einer weiteren halben Stunde passiert das Auto eine Schranke, der Offizier steigt aus. Folgen Sie mir, sagt er kurz, geht voran. Axel sieht die Schatten hoher Mauern, Wachtürme darauf, Stacheldraht im grellen Licht der Suchscheinwerfer. Und doch empfindet er keine Furcht, glaubt, daß alles sich aufklären würde, man ihn und Sven nach einem Gespräch freiließe.

Der Offizier verschwindet in einem der vielen Zimmer, für einen Augenblick sind die Jungen allein. Nichts zugeben, flüstert Axel hastig, Sven nickt, weiß vor Angst im Gesicht.

Ein schweigsamer Mann in Zivil trennt die Jungen, schiebt Axel in ein Zimmer. Es ist überheizt, rundherum weiß gestrichen, die Fenster sind vergittert. Über dem Schreibtisch die Bilder von Honecker und Gorbatschow, ein übervoller Aschenbecher auf dem kleinen Tisch vor dem Schreibtisch. Axel würde gerne jetzt rauchen, er wagt es nicht, sich eine Zigarette anzustecken, steht neben der Tür, spürt, wie sein Herz schneller schlägt, je länger er dort steht. Vom Gang her dringen Geräusche zu ihm; gedämpftes Lachen, das Klirren von Geschirr.

Er steht eine halbe Stunde, es kann länger sein, er hat jedes Zeitgefühl verloren, da betreten zwei Männer das Zimmer. Sie sind in Zivil, einer jung, der andere älter, schon mit weißen Haaren. Der Jüngere setzt sich hinter den Schreibtisch, der Ältere steht neben dem Fenster. Die Stimme des Jüngeren ist leise, fast freundlich.

Ihr habt versucht, die Staatsgrenze illegal zu überschreiten – warum? Er hebt sein Gesicht, sieht Axel an.

Der steht immer noch und sagt umständlich: Nein, ansehen wollten wir uns die Mauer, verbessert sich, die Staatsgrenze.

Der Mann hinter dem Schreibtisch lacht auf, sagt: Setzen Sie sich. Dann: Unseren Genossen sind Sie schon gestern aufgefallen. Sie haben sich informiert, an welcher Stelle Sie den Schutzwall überklettern könnten!

Nein, sagt Axel, nein!

Und heute, fährt der Mann unbeirrt fort, werden Sie an der Grenze gestellt. Mit einem Rucksack, darin ein Stadtplan und ein Seitenschneider. Zufall, Jugendfreund?

Axel schweigt, schüttelt den Kopf, sagt fast bockig: Wir wollten nicht abhauen, wirklich nicht!

Der Mann hinter dem Schreibtisch telefoniert, legt den Hörer auf, sagt: Wie Sie wollen, mein Lieber, wir fragen Sie alle zwei Stunden. Sie werden sich noch glücklich schätzen, uns die Wahrheit sagen zu dürfen!

Ein weiterer Zivilist betritt das Zimmer, faßt Axels Arm, streift die Ärmel hoch, legt Handschellen an, sagt kurz: Mir folgen.

Als Axel an der offenen Tür vorbeigeht, sieht er flüchtig im Türglas sein entsetztes Gesicht.

Eine halbe Stunde später untersucht ein Uniformierter seine wenigen Habseligkeiten, öffnet schlüsselrasselnd eine massive Holztür, stößt Axel in eine kleine, schwachbeleuchtete Zelle. Die Tür schlägt donnernd zu, und jetzt weiß Axel, daß sich die Sache nicht so bald von selbst klären wird. Er setzt sich auf die Holzpritsche, blickt sich um, sieht gelbgestrichene Wände, das Toilettenbecken neben der Tür, ein Fenster sieht er nicht. Er würde jetzt gern aus dem Fenster sehen, in den dunklen Himmel, die Sterne betrachten, die auch über Wittenberg stehen.

Ein Wärter stellt belegte Brote und eine Plastetasse voll Milchkaffee auf die Pritsche, er tut es schweigend, mürrisch, die Abendbrotzeit ist lange vorbei, geht. Zurück bleibt sein säuerlicher Körpergeruch. Axel beißt gierig in die Brote, dann möchte er rauchen, doch Zigaretten und Streichhölzer hat man ihm abgenommen.

Er legt sich auf die Pritsche, blinzelt in die Lampe, deren Licht ihn stört, zählt die Wasserflecken an der Zimmerdecke, findet, daß sie dem Erdteil Afrika ähneln. Gern wäre er jetzt dort, er würde den ganzen Tag in der Sonne liegen, sich wärmen, bräunen, rauchen und Kaffee trinken. Am Abend in Bars gehen, Bekanntschaften machen, Freunde suchen und finden.

Zur Vernehmung, sagt laut und rauh die Stimme des Wärters. Dann sitzt er wieder vor dem Schreibtisch, zwei andere Zivilisten verhören ihn, wollen wissen, wann und weshalb sie die Republikflucht geplant hatten und ob sie jemand dazu angestiftet hatte.

Namen und Hausnummern will ich hören, sagt der Verhörende scharf, wir sind hier nicht im Kindergarten, Jugendfreund!

Axel beteuert, nichts von einer geplanten Flucht zu wissen, er kenne den anderen kaum, alles sei Zufall, er habe kein Interesse, die Deutsche Demokratische Republik zu verlassen, er nicht!

Durch endlose Gänge wird er wieder in seine Zelle gebracht, eingeschlossen, das Licht bleibt an, es stört ihn, macht ihn unruhig, er fühlt sich beobachtet.

Noch dreimal muß er in dieser Nacht zum Verhör. Müde und frierend sitzt er vor den Verhörenden, immer wieder beteuernd, nicht vorgehabt zu haben, sein Vaterland zu verraten. Zwischendurch liegt er auf der Pritsche, legt die Hand über die schmerzenden Augen, glaubt die Stimme des FDJ-Funktionärs seiner ehemaligen Schule zu hören. Sich zum Kapitalisten abzusetzen, ist Verrat an unserer sozialistischen Heimat. Die ganze Strenge unseres Gesetzes soll und wird diese Verräter treffen. Und plötzlich fallen ihm Namen ein von Flüchtenden, die an

46

der Grenze erschossen wurden, er begreift, daß die Flucht ein Spiel um Leben und Tod war.

Bei den Verhören beteuert er seine Unschuld, bittet um Zigaretten, raucht hastig und hofft, daß auch Sven die geplante Flucht leugnen würde.

Bei seinem sechsten Verhör sagt man ihm, daß sein Begleiter ihr gemeinsames Vorhaben, die Mauer zu übersteigen, zugegeben habe. Sein eigenes Geständnis sei doch nun wohl auch fällig. Axel glaubt nicht, was ihm gesagt wird, beteuert weiter seine Unschuld. Er darf in den Waschraum, dort trifft er zu seiner Überraschung seinen Begleiter Sven. In einer der hinteren Waschbeckenreihen steht ein rauchender Zivilist.

Ich habe alles gestanden, flüstert Sven, du hast alles erzählt, da hab ich's auch. Ist besser so. Sein Gesicht ist grau vor Müdigkeit, als er Axel ansieht.

Ich hab nichts gesagt, zischt er böse zurück, du hast dich austricksen lassen, du Blödmann!

Na also, sagt der Zivilist von weit hinten, das wär's doch.

Eine Stunde später wird Axel in Handschellen über den Hof geführt. Unschwer erkennt er, daß er in ein Gefängnis gebracht wird. Ein langgezogener, schmutziger Bau, darin viele kleine Zellenfenster, vergittert, die matte Morgensonne spiegelt sich in den staubigen Scheiben wider.

Ich bringe den Häftling Axel K., sagt sein Begleiter zu der Türwache, nimmt ihm die Handschellen ab, bietet ihm eine Zigarette an. Sie rauchen schweigend, dann geht der Uniformierte.

Axel K., Zelle sieben, ruft der Türwächter, schließt eine Gittertür auf, sie gehen durch einen schwach beleuchteten Flur, Axel sieht Eisentreppen, Sperrwände aus Draht, Zellentüren mit Nummern und kleinen Sichtfenstern. Es riecht aufdringlich nach Kohlsuppe und Bohnerwachs, er nimmt deutlich den Geruch wahr, der ihn an seine Schule in Wittenberg erinnert.

Hier bist du Zuhaus, sagt der Uniformierte fast freundlich, schließt die Tür auf, schiebt Axel hinein.

Die Zelle ist groß, eigentlich für neun Insassen gedacht. Drei dreistöckige Betten, Toiletten- und Waschbecken neben der Tür, eine Ablage, Hocker. Ein kleines Fenster, fast in Höhe der Decke.

Axel steigt auf die Betten, sieht aus dem Fenster. Viel ist es nicht, was er dort sieht, den grauen, viereckigen Hof, Mauern rundherum mit kleinen Fenstern darin. Polizeiautos stehen vor einem großen grauen Eisentor. Der Wind treibt Blätter und Papierfetzen über den Zementboden. Und Geräusche hört Axel, die er nicht zu deuten vermag und von denen er nicht weiß, woher sie kommen. Aus den Heizungsrohren, von der Decke, dem Treppenhaus mit seinen eisernen Stufen. Dann vernimmt er schwaches Klopfen aus einer Zellenwand, in Intervallen hört er es. Dreimal, dann siebenmal, er klopft wahllos zurück, glücklich, nicht allein in dem Bau zu sein.

Um die Mittagszeit holt man ihn zum Verhör. Alles ist anders. Die Zivilisten, ein Uniformierter, alle sind sie jung, jeder stellt Fragen, niemand bietet ihm einen Stuhl an.

Die Fragen kennt er, sagt stur: Nein, ich wollte nicht abhauen! Er darf gehen, in Handschellen und ahnend, daß er sich in der nächsten Zeit auf Böses werde einrichten müssen. Was konkret, will er sich nicht vorstellen. Er hat von Stasi-Verhören gehört, bei denen geprügelt wurde. Genaues weiß er nicht, woher auch.

Der Wärter schiebt wortlos einen Teller mit Makkaroni durch die Luke, statt eines Löffels legt er einen Spatel aus Aluminium daneben. Axel hat Hunger, die Makkaroni rutschen vom Spatel, er stopft sie gierig mit den Fingern in den Mund. Dann legt er sich auf die untere Pritsche, verschränkt die Hände unter dem Kopf, schließt die Augen und sieht seinen Vater vor sich. Er sieht ihn auf den Elbwiesen, Herbst ist es, stürmisch, und die Drachen steigen in den grauen Himmel. Seiner auch, dann reißt der ab, fliegt über den Bunkerberg, ist verschwunden. Sie suchen ihn, er weinend, der Vater ihn tröstend: Du kriegst einen neuen, Axelhase! – So hatte er ihn genannt, wenn sie gut miteinander waren, noch weit vor der Zeit, als Axel ihm sagte, daß er wohl ein Verkehrter sei.

Blödsinn, sagt Axel laut, spürt die Nässe in seinen Augenwinkeln, dreht sich auf die Seite, versucht zu schlafen. Es gelingt ihm nicht. Jedesmal, wenn er Schritte draußen hört, klopft sein Herz schneller. Er hat jetzt doch Furcht vor den bohrenden Fragen der Männer mit den unbewegten Gesichtern. Als die Dämmerung durch das kleine Fenster kriecht und die helle Lampe unter der Decke angeht, holt ihn der Wärter wieder.

Im Treppenhaus hört er unterdrückte Stimmen: Laß dich nicht kleinkriegen, Kumpel! Im Augenblick fühlt er sich nicht angesprochen.

Im Verhörraum darf er sich setzen, der eine Zivilist richtet den hellen Schein der Schreibtischlampe auf sein Gesicht. Axel hält abwehrend die Hände vor die Augen, die Handschellen stören ihn dabei!

Nehmen Sie die Hände runter, sagt der Uniformierte scharf, Axel tut es, schließt schützend die Augen.

Jetzt ist es vorbei mit dem Spaß, hört er eine Stimme, denkst du, wir wissen nicht, was du für einer bist? Du treibst dich doch nur mit den Arschfickern rum!

Axel schweigt hartnäckig, er versucht zu überlegen, woher man weiß, daß er ein Schwuler ist, dann fällt ihm ein, daß Sven es ihnen gesagt haben wird. An die Lesbe denkt er, und plötzlich stellt er sich vor, daß es bekannt werden könnte, was er damals in Berlin mit Pit und dem dicken Handwerksmeister getrieben hat.

49

Das helle Licht erlischt, vor seinen Augen tanzen farbige Kreise, er hört Schritte, dann ist es still um ihn. Ein Wärter zieht ihn am Arm. Los, Mann, pennen kannst du in deiner Zelle! Diesmal hört er keine Stimmen, in der Zelle steht ein Teller mit belegten Broten. Er hat keinen Hunger, rauchen möchte er, möglichst zwei Zigaretten hintereinander, ein Joint wäre phantastisch. Dann könnten sie ihn fragen, bis sie ausgefranste Zungen hätten, mit einer Handvoll Marihuana-Zigaretten würde er die Scheiße hier gut überstehen. Er legt sich wieder auf die Pritsche, das helle, bösartige Licht der Deckenlampe tut seinen Augen weh.

Laß dich nicht kleinkriegen Kumpel, hatte man gerufen. Das galt ihm, ganz ohne Zweifel. Kumpel – er findet es plötzlich gut, so genannt zu werden, Kumpel, das klingt wie einer von vielen. Er sieht schwarze Gesichter vor sich, mit weißen Zähnen und Helmen auf den Köpfen. – Laß dich nicht unterkriegen, Kumpel! Nein, schreit er aufspringend, nein! Er schlägt mit der geballten Faust gegen die Wand und spürt den Schmerz nicht.

Noch zwei Tage verbringt er in der Zelle. Alle vier Stunden holt man ihn zum Verhör. Alles wiederholt sich, die Fragen, das Licht vor den Augen, seine Antworten. Er hat unbändige Sehnsucht danach, mit offenem Mantel durch die Straßen zu gehen, den kalten Wind auf seiner Haut zu spüren, heißen Kaffee zu trinken, zu rauchen, zu reden. An schlanke, sehnige Körper denkt er, an zärtliche Hände und heiße Lippen . . .

Am dritten Tag holt ihn der Wärter zum Verhör, diesmal ohne Handschellen. Er wird in das Zimmer des Gefängnisdirektors geführt. Der ist freundlich, bietet Axel eine Zigarette an, der raucht gierig, spürt, wie ihm wohlig schwindlig wird, daß er Mühe hat, aufrecht zu sitzen.

Der Direktor raucht nicht, blättert in Axels Unterlagen,

sagt: Wir werden Sie entlassen! Es gibt da eine erfreuliche Information aus Wittenberg. Natürlich mit Auflagen! Wir setzen Sie in den Zug nach Wittenberg, dort werden Sie von Ihrer Familie abgeholt, Sie melden sich bei Ihrem zuständigen Polizeirevier. Das war es, viel Glück, junger Mann, die Ermahnung schenke ich mir!

Axel geht, noch ungläubig. Der Wärter sagt: Na, also!

Im Treppenhaus hält Axel die Hände als Trichter vor den Mund, brüllt: Laßt euch nicht unterkriegen, Kumpels!

Der Wärter stößt ihm die Faust in die Rippen: Halt die Klappe, du Torfkopp!

Axel lacht, läuft voraus, wartet vor seiner Zelle, die Hände an der Hosennaht, schnarrt: Bitte eintreten zu dürfen, Genosse Wachtmeister!

Eine Stunde später verläßt ein blauer Lada den Hof. Axel sitzt auf dem Rücksitz, er ist rasiert, hat Kaffee getrunken, geraucht, er ist fast glücklich, nur der Gedanke, in wenigen Stunden in Wittenberg zu sein, lastet wie ein Alptraum auf ihm. Gerade jetzt will er nicht dorthin, will seine Freiheit genießen, tun und lassen, was ihm Spaß macht, ohne Polizeikontrolle und nachsichtige Familienliebe.

Auf dem Bahnhof Schönefeld steht der Zug nach Leipzig bereit. Der Fahrer händigt Axel die Fahrkarte aus, schließt die Tür hinter ihm, wartet, bis der Zug sich in Bewegung setzt. Axel sieht im Anfahren auf dem Nebengleis den Gegenzug stehen, öffnet die Tür, springt mit einem gewaltigen Satz hinaus, auf den ebenfalls anfahrenden Zug, schließt die Tür hinter sich, hört das Gezeter der Reisenden, atmet tief und mit wildklopfendem Herzen. Der Zug schlingert über die Gleisweichen, und für einen Augenblick sieht Axel auf der Chaussee einen blauen Lada stadteinwärts fahren.

Dreißig Minuten später hält der Zug im Bahnhof Berlin-Lichtenberg. Axel geht durch die Straßen, den Mantel weit geöffnet, feiner Sprühregen kühlt seine heiße Haut, er raucht, ist übermütig, möchte tanzen vor Freude, hat Angst, dabei aufzufallen. Zur Lesbe will er, weiß, daß er es jetzt noch kann, Stunden später ist es riskant, dann wird man wissen, daß er nicht in Wittenberg angekommen ist, wird nach ihm fahnden.

Die Lesbe ist nicht da. Matratzen und Decken sind zerwühlt, als habe jemand in ihnen etwas gesucht, die Tür des wurmstichigen Schrankes ist aufgebrochen, Marmeladengläser und Tüten mit Nudeln und Tempoerbsen liegen auf dem Fußboden. Axel ist bestürzt, will gehen, da fällt sein Blick auf eine Bleistiftnotiz auf der Tapete. Sucht mich bei Wally.

Axel hat von Wally gehört, sie einmal flüchtig gesehen. Sie ist auch eine Lesbe, Schneiderin, trägt nur exquisite Fummel, macht Hausbesuche. Axel beschmiert die Notiz mit Marmelade, verläßt hastig das Haus, fährt mit der S-Bahn zwei Stationen, geht in ein Kaufhaus, dort ist es warm, und er ist ein Neugieriger unter vielen.

Als es dunkel ist und zäher Nebel über den Straßen liegt, sucht er die Storkower Straße, findet sie, fragt Herumstehende nach Wally. Man gibt ihm den Rat zu verduften, schimpft ihn Schnüffler, droht ihm Schläge an. Ob er will oder nicht, er muß in den Kneipen nach ihr fragen. Und er hat Glück, eine Kellnerin kennt Wally, und als Axel ihr sagt, daß er ihr Bruder aus Braunschweig sei, beschreibt sie ihm den Weg. Als er dann nach Wallys Zunamen fragt, muß er fluchtartig die Kneipe verlassen.

Er findet das Haus, den Aufgang, die Türen sind offen, die Wände beschmiert, es riecht aufdringlich nach Knoblauch und Exkrementen. Das Flurlicht brennt nicht, im flackernden Schein des Feuerzeugs versucht Axel die Türschilder zu lesen. Eine alte Frau leuchtet mit einer Taschenlampe in den Flur, ruft nach ihrer Katze. Ich suche Wally, sagt Axel. Oben, antwortet die Alte. Oben, das ist direkt unter dem Dach, öffnet niemand. Axel kauert sich vor die Tür, zieht fröstelnd den Mantel hoch, wartet. Stunden vergehen, er hört keifende Stimmen, das Gröhlen Betrunkener von der Straße her. Hunger quält ihn, er friert und hat Angst, nach draußen zu gehen. Er weiß, daß die Polizei ihn suchen wird, und auch, daß er leicht zu erkennen ist durch seine Körperlänge von einsneunzig. Langsam schlummert er ein, trotz der Kälte schläft er tief, traumlos, wie lange, weiß er nicht.

Irgendwann spürt er einen Tritt gegen seinen Leib, hört eine grobe Frauenstimme: Geh zum Teufel, du Penner! Es ist die Stimme der Lesbe, er erkennt sie sofort, springt auf, überragt sie um Haupteslänge, drückt sie an sich, weint vor Freude. Die Lesbe hält still, räuspert sich dann viel zu laut: Na, Menschenskind.

Die kleine Wohnung ist nicht warm, trotzdem empfindet Axel es so. Die Lesbe stellt Brot und Butter auf den kleinen Küchentisch, brüht Kaffee und sieht zu, wie Axel gierig ißt. Es ging manchmal nicht so gut, sagt er kauend, das Geld, verstehst du? Das Leben könnte so richtig schön sein! Er erzählt von den letzten Wochen, eine Butterschnitte lang.

In Wallys quietschendem Bett balgen sie sich kichernd. Wally ist mit einer Kundin in Urlaub gefahren, sagt die Lesbe, schade, daß du beschwanzt bist. Dann bietet sie Axel ihre Brust, er saugt gehorsam daran, irgendwann schlafen sie ein, erschöpft, nicht erfüllt.

Die nächsten Tage geht er nicht aus dem Haus. Oft sieht er aus dem Fenster, es ist nur klein, er muß sich weit hinauslehnen, die gegenüberliegende Straßenseite zu sehen, die hohen, schmutzigen Hausmauern, von denen der Putz in großen Fladen abfällt. Parkende Autos, hastende Menschen, baufällige Schornsteine, aus denen grauer Qualm nach oben steigt, als wolle er die Wolken färben.

Wenn der Abend naht, steigt die Lesbe in die große Waschschüssel, seift sich ab. Axel trocknet ihr den Rükken, sieht dann zu, wie sie sich anzieht, den Slip, die Strumpfhosen, den Büstenhalter. Bis morgen, sagt sie, küßt ihn, geht.

Er bleibt zurück, unzufrieden, gerne wäre er mitgegangen, hätte Bekanntschaften gemacht, ihm ist auch nach Sex, selbst der auf der Klappe wäre ihm jetzt recht. Doch die Angst ist in ihm, daß die Polizei ihn finden könnte, und ins Gefängnis will er auf keinen Fall mehr zurück.

Abend für Abend legt er sich die Karten, Radio hört er nicht, es soll kein Hausbewohner wissen, daß er in Wallys Wohnung ist. Und wenn er auf dem Rücken liegt und seinen Gedanken freien Lauf läßt, dann ist er oft zu Hause, im Wohnzimmer mit der großblumigen Tapete, in der Küche, durch deren Fenster man auf die Kleingartenanlage sieht, oder im Bad mit dem Geruch nach Mutters zahllosen Badeessenzen.

An einem Abend, kaum daß die Lesbe, bis morgen, gesagt hat, verläßt er doch die Wohnung, schleicht die knarrenden Treppen hinunter, zieht den Mantelkragen ins Gesicht, sucht eine Post. Die Mutter anrufen, ihr sagen: Es geht mir gut, nur ihre Stimme hören.

Mit klopfendem Herzen wählt er die Nummer, glaubt zu wissen, daß sie jetzt gerade Geschirr spülen würde, sich die Hände abtrocknet, um den Telefonhörer nicht feucht zu machen. Dann hört er ihre Stimme, die den Namen sagt und dreimal: Hallo. Es knackt in der Leitung. Macht einsneunzig, sagt die Postfrau hinter dem Schalterfenster, ein billiges Gespräch, junger Mann.

Auf der dunklen Straße läßt Axel seinen Tränen freien Lauf. Mitten in der Nacht weckt die Lesbe ihn unsanft.

Steh auf, Mensch Junge, steh auf. Schlaftrunken fährt er hoch.

Ist die Polizei da? fragt er schnell.

Da lacht die Lesbe, fällt ihm um den Hals, schreit: Frei sind wir! Wir sind frei, du Scheißer, die Mauer ist offen seit heute Nacht. Wir dürfen in den Westen!

Axel hat Mühe zu begreifen, ihm fehlen die Vorkenntnisse, er weiß nur flüchtig von Volksaufständen in Leipzig, Berlin und Dresden, im Gefängnis hat er nichts gehört, die letzten Tage in Wallys Wohnung auch nicht.

Sie schalten das Radio an, hören mit angehaltenem Atem die Nachrichten, umarmen sich fassungslos und weinend.

Als der Morgen graut, packt Axel seine Habseligkeiten in eine Plastetüte. Na dann, sagt er stockend zur Lesbe, ich schreib dir mal!

Berlin (West)

Mit der S-Bahn fährt er durch den westlichen Teil der Stadt, sieht genau auf die Menschen, die ein- und aussteigen, findet, daß sie anders sind, selbstbewußter, anders riechen. Dann steht er vor der Gedächtniskirche, die er vom Westfernsehen her kennt, geht den Kudamm entlang, nicht staunend, eher nüchtern das Treiben um sich herum betrachtend. Kein Rausch ist in ihm. Die Auslagen der Geschäfte gefallen ihm, schön ist es hier, denkt er fast sachlich. Trabbis fahren durch die Straßen, stinkend, hupend, von den Passanten bejubelt, beklatscht. Menschengruppen, gestikulierend, sich umarmend. Axel sieht Tränen in den Gesichtern, er weiß, daß Deutschland jetzt wieder eins ist. Es berührt ihn nicht sonderlich.

Er hat Hunger, ihn friert, er hat Sehnsucht nach einem warmen Plätzchen, einem Kaffee, einer Zigarette. Baden möchte er, am liebsten eine Stunde lang, sich rasieren, einen Job möchte er haben, Geld verdienen. Genaue Vorstellungen von der Art des Jobs hat er nicht. Schwere Arbeit dürfte es auf keinen Fall sein, die mag er nicht, hat er nie gemocht. Kellnern wäre gut. Noch besser aber wäre es, hinter einem Tresen zu stehen, Getränke zu mixen, zu servieren, mit den Gästen zu plaudern.

Ohne Ticket fährt er mit der U-Bahn zum Nollendorfplatz. Hier sieht er keine Trabbis, keine Verbrüderungsszenen. Aus dem Schwulenstadtführer sucht er sich Adressen von Kneipen heraus, macht sich auf den Weg. Die Kneipen, in die er geht, sind anders als die, die er aus der DDR kennt. Sie sind gemütlicher, origineller, auch die Gäste, scheint es.

Sie laden ihn ein, trinken mit ihm, manche weinen. Es lebe unser einig Vaterland! Axel rutscht von Schoß zu Schoß, wird geküßt, gedrückt, man steckt ihm Geldscheine in die Hosentasche. Niemand fragt ihn, wer er ist, woher er kommt, wie er gelebt hat in der verdammten DDR. Es reicht den Männern, einen Gleichgesinnten bei sich zu haben.

In jeder Schwulenkneipe, die Axel besucht, ergeht es ihm so. Überall ist er sofort Mittelpunkt, kaum, daß er den Raum betreten hat. Am Nachmittag hat er einen leichten Rausch, lehnt dankend die vielen Schnäpse ab. Auf der Toilette erbricht er sich. Flüchtig sieht er sein Gesicht im Spiegel über dem Waschbecken. Unrasiert, mit dicken ·Rändern unter den Augen. Er geht aus der Kneipe, bemüht, seinen unsicheren Gang zu verbergen, da hört er eine Stimme hinter sich.

Wenn du willst, komm zu mir! Die Stimme ist weich, Axel kennt solche Stimmen. Ja, sagt er fast glücklich, und geht mit einem jungen Mann, der Bodo heißt, Lehrer ist und in der Nähe eine Wohnung hat.

Bodo ist sehr fürsorglich, richtet ein heißes Bad, bestellt per Telefon eine Pizza, steckt Axels Wäsche in die Waschmaschine. Dieser staunt über den Komfort in dem Männerhaushalt und berichtet freimütig, daß er noch nie in seinem Leben einen Wäschetrockner gesehen hat. Sie verstehen sich gut, und als Bodo am nächsten Morgen die Wohnung verläßt, legt er zweihundert Mark auf den Tisch. Schlaf noch ein wenig, sagt er zärtlich. Wenn du gehst, zieh die Tür hinter dir zu.

Axel schläft noch einige Stunden, dann badet er ausgiebig, ißt, was er im Kühlschrank findet. Als Bodo am Nachmittag aus der Schule kommt, findet er seinen Gast noch immer in der Wohnung. Sie trinken Kaffee, dann geht Axel. Er hat Geld in der Tasche, ist rasiert, seine Wäsche sauber, er ist mit sich und der Welt zufrieden.

Ins KaDeWe zieht es ihn, im Fersehen hat er davon gehört. Hier kauft er einige Tafeln Schokolade, ißt gierig im Gehen, spürt, wie angesichts der vielen Waren ihn der Wunsch überkommt zu kaufen, einfach zu kaufen, die Hosen, die Seidenhemden, die Schuhe von Salamander! Fast fluchtartig verläßt er das Kaufhaus, seine Barschaft in der geballten Faust.

Den Spätnachmittag und den Abend verbringt er in Schwulenkneipen, ist dort wieder Mittelpunkt. Auf die Fragen: Wie ist es drüben?, Was hast du da gemacht?, antwortet er ausweichend und ungern. Irgend etwas hält ihn ab zu sagen: Da drüben ist alles große Scheiße, jetzt sind wir vereint und frei.

Mit Freude stellt er fest, daß die Kneipen keine Schließzeiten haben. Bis zwei oder drei Uhr in der Frühe sind sie allemal offen, und wenn sich bis dahin kein Freier gefunden hat, ist noch der Bahnhof da, mit seinen warmen Räumen.

Gegen Mitternacht lernt er Rudi kennen, einen hageren Mann um die dreißig. Ich möchte dir was spendieren, sagt er zu Axel. Sie trinken Gin-Tonic, erzählen, rauchen.

Rudi ist ein guter Erzähler. Er berichtet von seinen Reisen nach Mexiko, Peru, Kolumbien. Die Schwulen sind dort schwuler als hier, sagt er lachend. Junge, die haben Feuer im Hintern! Dann zahlt er und sagt: Kommst du zu mir! Untergehakt torkeln sie die Straße entlang, singen das Lied von Mariechen, das weinend im Garten saß, küssen sich zwischendurch. Zu Axels Erstaunen sitzt ein Mann in Rudis Wohnzimmer. Er raucht Pfeife; als die beiden eintreten, schaut er unwillig auf. Rudi, was soll der Fremde? fragt er betont streng.

Rudi nimmt Axel am Arm, zieht ihn ins Schlafzimmer, schließt die Tür hinter sich: Den kann ich jeden Tag haben. Sie lachen lange, schlafen miteinander, der eifersüchtige Mann im Nebenzimmer interessiert sie nicht.

Am nächsten Morgen verläßt Axel sehr zeitig die Wohnung. Rudi gibt ihm einen größeren Geldschein. Sein Freund wirft zum Abschied nur den Kopf in den Nacken.

Der Tag ist kalt. Axel friert und sucht sich ein kleines Café. Seine Barschaft besteht aus dreihundert Mark, er weiß, daß auch dreihundert Westmark nicht lange reichen. Zwei Tage höchstens, vorausgesetzt, daß er irgendwo ein Bett für die Nacht findet. Den Gedanken, sich Arbeit zu suchen, schiebt er beiseite. Er will versuchen, durch Sex Geld zu verdienen, denn er weiß um die Wirkung seiner schlanken Gestalt, seiner auffallend blauen Augen. Den Rest des Tages vertrödelt er in Kaufhäusern, in denen er nichts kauft, geht in einen Sex-Shop, schaut sich in einer Videokabine Pornos an. Natürlich Schwulenpornos, in denen sich schöne Männer lieben und Dinge tun, die Axel heiß und schwer atmend zum ersten Mal sieht.

Ungeduldig wartet er auf den Abend, wohl wissend, daß die Freier sich erst zur Nacht einstellen. Seine Sehnsucht gilt den größeren Geldscheinen, sie gilt gleichermaßen schlanken, heißblütigen Männern, die Wirkung der Pornofilme hält sich lange in seiner Phantasie. Ein halbes Dutzend Kneipen besucht er an diesem Abend, doch das Glück ist ihm nicht hold.

Ein dickbäuchiger Mann mit einem Seehundsbart bietet ihm einen Fünfziger für einen schnellen Klappensex, ein Betrunkener will ihn nur mal anfassen. Er weist sie ab. Die Nacht geht vorüber, es ist ein Uhr morgens und Axel hat keinen Freier gefunden. Er ist nervös, seine Ansprüche sind angesichts der frühen Stunde deutlich reduziert; auch ein Dicker wäre ihm jetzt recht, auch ein Betrunkener, wenn sie ihm nur ein Bett böten und eine Badewanne.

Gegen zwei Uhr besucht er eine Kneipe, in der er noch nicht war. Ein Dutzend Männer, einige betrunkene Frauen, laute Musik. Axel setzt sich unaufgefordert an einen Tisch, nickt den Männern mit kokettem Augenaufschlag zu, zeigt deutlich, daß er Kontakt sucht. Er bestellt Bier, trinkt, raucht, flirtet. Tatsächlich bietet ihm ein älterer Mann eine Zigarette an, fragt: Wieviel? Sagt: Bei mir geht es nicht!

Axel lächelt ihn an. Bei mir schon! Vor der Kneipentür hält Axel die Hand vor den Mann. Hundertfünfzig Mark und du bezahlst das Taxi!

Der Mann nickt, zahlt. Sie winken einem Taxi, Axel gibt eine Adresse an. Nach einigen Minuten sind sie da, es ist ein Haus in der Fasanenstraße, ein sehr vornehm wirkendes Haus, weiß gestrichen, mit hohen Tannen in einem weitläufigen Vorgarten.

Warte, sagt Axel aussteigend, ich schaue nach, ob meine Eltern schlafen. Er geht ins Dunkel, läuft rasch und geräuschlos einige hundert Meter, biegt in eine Seitenstraße ein, verharrt einige Minuten im Schatten einer Litfaßsäule. Dann geht er sehr zufrieden zum nächsten Taxistand, läßt sich in eine Schwulenkneipe fahren. Hier sucht er sehr sorgfältig sein nächstes Opfer aus. Seine Wahl fällt auf einen dicken, älteren Mann mit hochrotem Gesicht, der Mühe hat, auf seinem Stuhl zu sitzen.

Ich bringe dich heim, sagt Axel fast zärtlich, ich heiße Klaus, ich bin der gute Klaus. Ich kenne ihn, beruhigt er die Kellnerin, ich kenne ihn sehr!

Vor der Tür verlangt er von dem schwankenden Mann einhundertfünfzig Mark, dann winkt er ein Taxi heran. Sie fahren einige hundert Meter, dann läßt er halten, sagt, daß er seine Tasche in der Kneipe vergessen habe. Läuft zurück, verschwindet im Dunkel einer Seitenstraße.

Den Rest der Nacht verbringt er am Bahnhof Zoo. Zum Schlafen kommt er nicht, die Polizeistreifen stören ihn. Er hat Angst, in eine Ausweiskontrolle zu geraten.

Auf der Bahnhofstoilette lernt er Gurke kennen, einen dünnen, pickligen Jungen. Die Welt ist ein Jammertal, sagt der melancholisch, es hat keinen Zweck, sich etwas vorzumachen. Das einzig Wahre ihm Leben eines Menschen ist der Tod! Gurke entkorkt eine kleine Flasche, riecht tief atmend daran, sein Gesicht verfärbt sich hellrot, er taumelt, lehnt sich gegen die Wand, schließt die Augen.

Auch Axel schüttelt neugierig an der Flasche, spürt die Wirkung sofort, das rhythmische Pulsieren der Schläfenadern, das scheinbare Anschwellen des Kopfes, das Trunkenheitsgefühl.

Ich bin katholisch, sagt Gurke, ich bin sozusagen Totengräber, und ich geh jetzt pennen. Axel folgt ihm, auch er möchte schlafen, glaubt zu wissen, daß Gurke kein Schwuler, irgendein harmloser Irrer ist.

Sie gehen von einem finsteren Hinterhof in ein Haus, steigen die knarrenden Holztreppen bis unters Dach, klopfen. Eine dickbusige Frau mit zotteligen Haaren öffnet. Das Schwein kommt, sagt sie, Gurke ansehend, dann zu Axel: Verzeihung, ich wußte nicht, daß er Kundschaft mitbringt! Sie bittet ihn in die Küche, in der es aufdringlich nach Kohlsuppe und Haarwaschmitteln riecht.

Gurke verschwindet grußlos hinter einer Tapetentür, Axel hört ihn husten, dann knarrt ein Bett. Die Frau bindet ihr Haar zu einem Knoten, das Nachthemd gibt ihre großen Brüste frei.

Setz dich, sagt sie, setz dich, mein Süßer, ich rufe dich gleich.

Axel ahnt belustigt, daß Gurke als Schlepper für die

Vollbusige arbeitet. Er raucht, mustert die Küche. Sie ist sauber, fast gemütlich, auf dem Gasherd steht ein Topf, aus dem der Griff einer Suppenkelle ragt.

Die Frau kommt zurück, sie trägt kniehohe Lackstiefel, einen schwarzen Slip, eine rote Lackweste. Ihr Gesicht ist grell geschminkt, in den Händen hält sie eine Lederpeitsche. Bevor Axel etwas sagen kann, setzt sie sich mit gespreizten Schenkeln auf seine Knie, drückt sein Gesicht zwischen ihre warmen Brüste. Ich werde deinen Körper abstrafen, flüstert sie, du wirst zufrieden mit mir sein.

Axel fühlt ihre suchenden Hände zwischen seinen Beinen, er lehnt sich zurück, stößt hervor: Ich bin schwul, verstehst du!

Die Frau steht auf, stellt sich breitbeinig vor Axel, knöpft den Slip ab, enthüllt ihre schwarzen Schamhaare, fragt: Auch keinen Bedarf?

Axel schüttelt wortlos den Kopf.

Scheiße, sagt die Frau, den Slip in die Ecke werfend, Scheiße, der versoffene Trottel soll geile Böcke bringen, keine Homos!

Dann essen sie Kohlsuppe, rauchen, trinken Kaffee, und die Frau erzählt Axel aus ihrem, wie sie es nennt, beschissenen Leben im goldenen Westen.

Am frühen Morgen legen sie sich in die Ehebetten.

Nach einigen Stunden wird er unsanft geweckt, die Frau schüttelt ihn. Steh auf, du Penner, ich kriege Kundschaft, hau ab!

Schlaftrunken zieht Axel seine Sachen an, stolpert die Treppe hinunter, der Tag ist feucht und kalt und ihn friert, kaum, daß er einige hundert Meter gegangen ist. In einem Café wärmt er sich auf, raucht, denkt belustigt an die Vollbusige. Dann will er zahlen, macht eine böse Entdeckung: sein Geld ist weg. Fast sechshundert Mark waren es, geblieben sind einige Markstücke, die gerade reichen, den Kaffee zu bezahlen.

Axel weiß sofort, daß die Frau ihm das Geld gestohlen hat. Zornig will er aufstehen, zurückgehen, sein Geld einfordern, dann denkt er daran, daß sie ja Kundschaft hat, Streit will er nicht, Tätlichkeiten noch weniger. Auf den Gedanken, daß die Vollbusige an ihm das praktiziert hat, was er schon wiederholt mit seinen Freiern machte, kommt er nicht. Die Frau ist für ihn eine gemeine Diebin.

Den Tag verbringt er in Kaufhäusern, hat Hunger, die Zigaretten sind alle. Am späten Nachmittag besucht er Schwulenkneipen in der Hoffnung, von der Vereinigungsfreude der Gäste zu profitieren, wie schon die Tage zuvor. Er hat diesmal kein Glück.

Man erkennt ihn, winkt ihm zu, doch eingeladen wird er nicht. Es ist wieder Alltag in ihren Köpfen, denkt Axel bitter. Dann fährt er ohne Ticket mit der U-Bahn einige Stationen. In eine Stricherkneipe will er, ihm ist es egal, was ihn dort erwartet, er will Geld und ein Bett für die Nacht.

Die Kneipe ist gut besucht, Paare am Tresen, an den Tischen Singels. Axel hängt den Mantel an den Garderobenhaken, sieht sich um, fühlt sich unbehaglich, der Kellner mustert ihn. Klamm? fragt er kurz, Axel nickt. Ein älterer Herr winkt Axel einladend zu.

Ich bin Richard, Hesse, in Herrensachen unterwegs.

Axel stellt sich steif vor, setzt sich, sagt verlegen, daß er kein Stricher sei. Die Umstände, Sie verstehen?

Richard versteht, bestellt, der Alkohol lockert sie auf, sie lachen, Richard gibt zu, ein guter Sechziger zu sein, aber noch rüstig und zu vielem fähig. Kurz vor Mitternacht gehen sie. Richard wohnt in einem kleinen Hotel. Es ist nicht besonders komfortabel, dafür auch nicht besonders teuer. Der Portier lugt kaum über seine Brille, ihm ist es egal, wer wen mit aufs Zimmer nimmt. Axel duscht, Richard seift ihn ein, sie verstehen sich gut, auch nachher. Sie schlafen bis in den hellen Vormittag, dann hat Richard es eilig. Nach dem Frühstück steckt er Axel einen Fünfzigmarkschein zu, dann gehen sie auf den Parkplatz. Richard schließt einen Lieferwagen auf, in dem Herrenbekleidung hängt.

Such dir etwas aus, sagt er ungeduldig.

Axel greift nach einer Hose, einem Seidenhemd.

In der Stricherkneipe wird Axel Stammgast. Der Kellner vermittelt ihn, die Freier zahlen wenig. Es sind vorwiegend Reisende, die auf schnellen Sex aus sind. Kennenlernen, Hotel, einige Stunden Schlaf, fünfzig Mark.

Tagsüber hält Axel sich vorwiegend in Kaufhäusern auf, in billigen Kneipen. Nach einigen Tagen beschließt er, die Stricherkneipe zu meiden. Er hat Angst, in den Ruf eines potentiellen Strichers zu geraten, denn er weiß, daß diese von vielen Freiern gemieden werden.

So verkehrt er wieder vorwiegend in den Schwulenkneipen. In manche geht er nur einmal, schleppt dort einen Freier ab, läßt sich im voraus bezahlen, verschwindet aus dem Taxi oder praktiziert die Methode „Fasanenstraße". Seine Einnahmen halten sich in Grenzen, auch seine Erfolge bei den Freiern. Einige Male sucht er in der Nacht den Bahnhof Zoo auf. Dort trifft er Gurke wieder, der mit melancholischem Gesicht an der Flasche schnüffelt.

Deine Tussi hat mich beklaut, sagt Axel.

Gurke schnüffelt, niest, sagt: Sei froh, Bruder! Die Därme hätte sie dir aus dem Leib geschlagen. Die ist irre!

Während sie erzählen, naht eine Polizeistreife, verlangt die Ausweise.

Ich bin sauber, sagt Gurke hastig, ich schnüffel Poppers, vom anderen Stoff bin ich runter, Gott ist mein Zeuge!

Laß den mal aus dem Spiel, erwidert einer der Beamten, ist deine Peitschenlady noch aktiv?

Gurke verzieht sein Gesicht, hebt unschlüssig die Schultern, läßt sie fallen, sagt: Kaum, Herr Wachtmeister, wer will denn heutzutage noch freiwillig Prügel beziehen!

Axel zückt seinen Personalausweis, sein Herz klopft heftig, sein Mund ist trocken. Er hat Angst, daß man ihn mitnehmen könnte aufs Revier, ihn stundenlang befragen und ihn schließlich in seinen Heimatort ausweisen würde.

Der Beamte sieht ihn prüfend an, gibt den Ausweis zurück, sagt: Bleib sauber, Junge! Dann gehen die Männer.

Axel schnüffelt an Gurkes Flasche, lehnt sich gegen die Wand, atmet tief und hat sekundenlang das Gefühl, als drehe sich die Bahnhofshalle um ihn.

Mit einem Taxi fährt er zu Bodo, klingelt laut und lange, doch nichts rührt sich im Haus.

Den Rest der Nacht verbringt er in Einkaufspassagen, friert, ihm kommt der Gedanke, nach Hause zu fahren, sich in sein Bett zu legen, viele Stunden zu schlafen, sich von der Mutter wecken zu lassen, in der kleinen, warmen Küche Kaffee zu trinken. Der Gedanke gefällt ihm, doch schon der nächste gilt den fragenden Gesichtern der Nachbarn, ihren Bemerkungen, Mutters Drängen: Junge, du mußt dir doch eine Arbeit suchen.

In einem kleinen Café ist er der erste Gast, die Kellnerin bringt unaufgefordert Kaffee und einen kleinen Schnaps. Axel trinkt ihn in kleinen Schlucken, fühlt die Wärme in sich aufsteigen, mustert die Gäste, die den Raum betreten, und hat keine Gedanken mehr an Zuhaus.

Er trinkt fast ein Dutzend Tassen Kaffee, raucht ebenso viele Zigaretten, dann wäscht er sich in der kleinen Toilette das Gesicht, putzt die Zähne, parfümiert sich stark.

In einer Schwulenkneipe lernt er einen Bärtigen kennen, der ihn fragt, ob er mit ihm in die Sauna gehen würde.

Axel ist noch nie in einer Sauna gewesen. Er ist neugierig darauf, der Bärtige gefällt ihm, er ist groß, drahtig, trägt einen eleganten Zweireiher und eine Seidenkrawatte. Seine Stimme ist angenehm tief, Axel hört von Wochenendtrips in die Südsee, einer Stellung als Privatsekretär.

Es kommt auf dich an, sagt der Bärtige mit zärtlichem Blick. Er bucht eine Kabine, geht zielsicher durch die breiten Gänge. Männer begegnen ihnen, im Bademantel oder mit einem Handtuch um die Hüften.

Die Kabine ist geräumig, eine flache Pritsche, ein Fernsehgerät mit wahlweise Pornofilmen. Axel raucht, fühlt sich wohl, hat sofort begriffen, welche Möglichkeiten ihm diese Schwulensauna bietet. Er ist dem Bärtigen dankbar, zeigt es ihm. Sie trennen sich im besten Einvernehmen; Axel ist danach um einige Erfahrungen und zweihundert DM reicher. Er inspiziert alle Räume, sitzt in der Bar, trinkend und rauchend und flirtend, bewundert die Muskelmänner im Kraftraum.

Fortan ist er jeden Tag in der Sauna. Findet er in den Schwulenkneipen keine Freier, fährt er in die Sauna, mietet sich eine Kabine, legt sich auf die Pritsche, läßt die Tür einen Spalt breit offenstehen. Die Vorübergehenden sehen ihn, wissen, daß sich dort jemand anbietet, so ist das üblich in der Sauna. Auf diese Weise macht er an manchem Tag mehrere Bekanntschaften, findet fast immer einen Freier, der ihm für die Nacht ein Bett anbietet.

An den Vormittagen läuft er durch die Straßen, besieht die weihnachtlich geschmückten Schaufenster, freut sich, wenn er in den Kaufhäusern die Weihnachtsmänner sieht, die rutenschwingend und Bonbons verteilend, schnaufend durch die Verkaufsräume stapfen. Wenn er dann auf der Pritsche in der Sauna liegt und die Augen schließt, sieht er den geschmückten Weihnachtsbaum im Wohnzimmer zu Haus, glaubt, den Geruch von Mutters gebackenen Pfefferkuchen wahrzunehmen und träumt von fliegenden Teppichen im Land der Störche und Wesire.

Trotzdem ist er unzufrieden mit sich. Seine Barschaft besteht aus einigen hundert Mark, der Winter steht vor der Tür, einen Freier, der ihm ein Heim bieten könnte, hat er noch nicht gefunden. In den nächsten Tagen stöbert er in den Kosmetikgeschäften nach Lippenstiften, Haarfärbemitteln, Deos, Cremes, Parfüms. Das Beste soll es sein, doch das ist teuer, seine ganze Barschaft geht drauf; er bereut es nicht.

In der Schwulensauna sitzt er stundenlang vor einem Spiegel, schminkt sich, wäscht sich, schminkt sich. Dann entscheidet er sich für dezent rote Lippen, einen Hauch Rouge auf den Wangen, zartblaue Lider, schwarze Wimpern. Der Erfolg bleibt nicht aus, pro Tag hat er einen Freier, der in der Regel einhundertfünfzig DM zahlt. Axel hat das Geld regelmäßig und zusätzlich einen Besuch mit dem Freier in einem Restaurant oder Café.

An einem sonnigen Dezembertag besucht er mit einem jungen Geschäftsmann die Sauna. Die beiden verstehen sich gut, trinken Sekt, lieben sich lange und mit Hingabe. Als der Freier geht, kann sich Axel nicht entschließen, auch zu gehen. Er legt sich auf die Pritsche, raucht, die Tür ist, wie üblich, leicht geöffnet. Ein Mann betritt die Kabine, groß, breitschultrig, schwarzhaarig, bekleidet ist er mit einem weißen Bademantel. Er setzt sich unaufgefordert auf Axels Pritsche, sagt: Hallo, bietet Zigaretten an. Axel sieht den Mann an, er gefällt ihm sofort, er weiß, daß der Besucher kein einfacher Freier auf der Suche nach einem billigen Abenteuer ist. Vielleicht hat der Fremde irgendwo eine Villa und könnte ihn dorthin mitnehmen . . .

Der aber bittet ihn in seine Kabine, die läge ein wenig

abseits vom Trubel, denn er sei für Ruhe, Beschaulichkeit, das ungestörte Auskosten des Schönen.

Axel folgt ihm, ein wenig verwundert, als sie durch Gänge gehen, die er noch nicht kennt. Das herbe Parfüm des Mannes erregt ihn, läßt ihn jeden Argwohn vergessen. Er ist heiß darauf, den Körper des Mannes zu berühren.

Die Kabine ist wie alle Kabinen. Sie trinken Sekt, der ein wenig zu warm ist, rauchen, küssen sich. Der Mann spricht mit leichtem Akzent. Axel fragt, ob er Spanier sei, erntet ein flüchtiges Lächeln. Ich nenn' dich Spanier, sagt Axel, drängt sich an den Mann, der ihn behutsam abwehrt, ihn mit dem Bauch auf die Pritsche legt, ihn küßt, zärtlich streichelt, und ihn mit Handschellen an die Liege fesselt.

Axel hat kaum Zeit, sich darüber zu wundern, er hat von solchen Spielen gehört, sie in Pornofilmen gesehen, doch die Lust in ihm verdrängt jeden klaren Gedanken. Er spürt einen brennenden Schmerz auf seinem Gesäß, stöhnt erschreckt auf, sieht den Spanier mit erhobener Lederpeitsche neben sich, spürt den zweiten Hieb, ruft: Hör auf, du bist verrückt, hör auf! Versucht die Hände zu lösen. Umsonst. Schreit unter den Schlägen, die zahlreicher werden, bittet, aufzuhören. Dann spürt er den schweren Körper des Mannes auf sich, dessen Versuch, in ihn einzudringen, wehrt sich schreiend, zuckend. Gut so, hört er den Spanier sagen, dann hat er einen Moment Ruhe. Der Mann raucht und berührt mit der Zigarettenglut Axels Körper. Der schreit wieder entsetzt auf, hört sich plötzlich um Hilfe kreischen mit einer Stimme, die er von sich nicht kennt, immer wieder „Hilfe" schreiend, bis ihm der Spanier einen Knebel in den Mund würgt. Mach weiter so, sagt der zärtlich und drückt wieder die Zigarettenglut auf Axels Körper. Der wimmert vor Schmerzen, am Schreien gehindert. Er weiß, daß er einem Sadisten zum Opfer gefallen ist, einem krankhaften Typen. Seine Versuche, sich zu befreien scheitern, dann spürt er erneut das Gewicht des Spaniers auf sich, wirft sich wild hin und her. Wieder fühlt er die Lederschnur der Peitsche auf seiner Haut, kühl und zärtlich, plötzlich den brennenden Schmerz, hört das lustvolle Keuchen des Spaniers.

Eine dreiviertel Stunde vergeht so. Axels Rücken und Gesäß sind voller roter Striemen und punktförmiger Verbrennungen. Er liegt still, wimmert, denken kann er nicht mehr.

Der Spanier zieht seinen Bademantel an, öffnet Axels Handschellen, der blind vor Schmerz und Wut auf den Mann einschlägt. Der Mann wehrt ihn ab, drückt ihm seine Kleidungsstücke in die Hand und schiebt ihn aus der Kabine.

Schmerzgebückt und weinend wankt Axel durch die endlosen Gänge in seine Kabine, die Vorübergehenden würdigen ihn keines Blickes, es scheint, als gehöre seine Erscheinung zum Alltag der Schwulensauna.

Mit einem nassen Lappen kühlt Axel die schmerzenden Stellen, er weint nicht mehr. In ihm ist nur noch ein Gefühl der Hilflosigkeit und Scham. Er kleidet sich an, wirft dem Pförtner wortlos den Kabinenschlüssel durch das kleine Fenster.

Auf der Straße überkommt ihn der Schmerz, er beißt die Zähne zusammen, überlegt, wer ihm in seiner Situation helfen könnte. Gurke fällt ihm ein, vielleicht die Vollbusige! Er weiß, daß die Wunden sich entzünden werden, eitern, mit einem solchen Körper wird er keine Freier kriegen und auch kein Geld.

Bodo fällt ihm ein, der Sanftmütige, der Lehrer mit der schönen Wohnung. Mit einem Taxi fährt er dorthin, Bodo ist da, und erfreut, Axel zu sehen, hört seine Geschichte, sieht seine Wunden, ist erschüttert.

Du bleibst hier, sagt Bodo entschieden, richtet für seinen Gast ein Bett und läuft in die Apotheke, eine kühlende Heilsalbe zu kaufen.

In der Nacht träumt Axel davon, auf einem Rappen durch die Welt zu reiten. Peitsche schwingend, die Menschen auf die Knie zwingend. Die Schmerzen lassen ihn wach werden. Er hat Zeit nachzudenken.

Über den brutalen Angriff auf seine Person ist er entsetzt, er, ein harmloser Schwuler, der doch nur auf der Suche nach Liebe war. Ich werde es euch heimzahlen, nimmt er sich vor, rächen werde ich mich, ihr sollt es bereuen, mich geschändet zu haben. Er begreift jetzt seine Umwelt als eine feindliche, rechnet die Schuld des einen allen auf.

Bodo zwingt ihn zur Bettruhe. Wenn er früh aus dem Haus geht, ist der Kaffee gekocht, die Brötchen sind geschmiert. Axel schläft viel, sieht stundenlang Videos, freut sich auf Bodos Rückkehr am Nachmittag. Sie reden viel miteinander, und der kluge Lehrer versucht, Axels gestörtes Selbstwertgefühl zu normalisieren. In diesen Tagen denkt Axel wieder viel an seine Mutter. Sieht sich als Kind in Mutters Schoß liegend, glaubt, ihre Stimme zu hören – heile, heile Gänschen, ist schon wieder gut!

Er spürt seine Bereitschaft, nach Hause zu fahren, jetzt nach den bösen Erfahrungen der letzten Tage. Doch mit zunehmendem Wohlbefinden schwindet dieser Gedanke, macht einem anderen Platz: Ich kann doch nicht mit leeren Händen nach Hause kommen! Er entwickelt die Vorstellung, als Wohlhabender vor seine Mutter zu treten, zu sagen: Sieh her, es ist etwas aus mir geworden, aus dem Schwulen, den ihr verspottet habt. Mit dieser Vorstellung lebt er gedanklich, widmet ihr jede freie Minute zwischen Schlaf und Fernsehen.

Nach vier Tagen sind seine Wunden verheilt. Du kannst jederzeit gehen, sagt Bodo, du kannst auch gern noch bleiben!

Axel entschließt sich zu gehen, er will ein harter Bursche werden, es den anderen zeigen. Als Bodo in der Frühe aus dem Haus gegangen ist, packt Axel seine Habseligkeiten in eine Tasche, durchwühlt den Schreibtisch, findet fünfhundert Mark, steckt sie zufrieden ein. Scham gegenüber seinem Gastgeber empfindet er nicht, schließlich ist der ja ein Teil der Umwelt, die ihm Feind ist.

Er schminkt sich, verläßt das Haus, atmet tief die kühle Dezemberluft, die süß nach Pfefferkuchen und bitter nach Abgasen riecht. Ziellos geht er durch die Straßen, sieht die hastenden Menschen, die volle Einkaufstaschen und Weihnachtsbäume schleppen, findet ihre Gesichter hart und verkniffen. Als er einen Trabant sieht, steigt Rührung in ihm auf, er empfindet das Pappauto als einen Gruß aus einer anderen Welt.

Am späten Nachmittag besucht er eine Schwulenkneipe, der ein Travestieklub angeschlossen ist. Dort lernt er junge Männer kennen, mit denen er Haschisch raucht. Er gibt sich übersteigert selbstbewußt, glaubt, dadurch seinen Wert zu erhöhen, hat tatsächlich Erfolg damit.

In den nächsten Tagen hat er pausenlos Freier, schläft bei ihnen, nimmt zweihundert Mark dafür, stiehlt Geld, wo immer sich die Gelegenheit dazu bietet, ist unersättlich in Sachen Sex. Da lernt er Jo kennen, den Traumtyp, den Rassigen, den Eleganten. In einer Bar sieht er ihn, trinkend, flirtend. Alle Vorsicht ist vergessen. Keinen Gedanken mehr an den Sadisten, der auch sein Traumtyp war, er will den blondhaarigen Tarzan mit der Kreole im Ohr.

Der trinkt und lächelt ihm zu, winkt ihn an seinen Tisch. Axel wendet keinen Blick von dem Mann, hört, daß der Jo heißt, für einige Tage in Berlin ist, ihn bemerkenswert findet. Das hört er noch einige Male in der nächsten Stunde und fühlt sich geschmeichelt, macht seinerseits Komplimente, immer gewagter, der Sekt tut seine Wirkung.

Nach einer Stunde verlassen sie die Bar, fahren mit dem Taxi in eine Nobeldisco. Jo steckt dem Türsteher einen größeren Geldschein zu, der reißt die Türen auf und wünscht den Herren einen schönen Abend. Und wieder trinken sie Sekt, tanzen, blicken sich in die Augen, lachen, sind voller Übermut.

Als sie gegen Morgen die Bar verlassen, weiß Axel immer noch nicht mehr, als daß sein Partner Jo heißt. Es ist ihm nicht aufgefallen, daß Jo ihm unentwegt Komplimente gemacht, ihn als etwas Besonderes bezeichnet hat. Er glaubt ihm und findet es ganz okay, daß Jo in einem der Nobelhotels eine Suite hat, die er allein bewohnt.

Obwohl der Morgen schon graut, sind sie nicht müde. Sie tanzen durch die Räume, entkleiden sich, gießen Sekt auf ihre Leiber, lieben sich. Axel fühlt sich, als sei alles nur ein Traum, doch Jos Stimme ist kein Traum, die sagt zärtlich: Du bist der Wunderbarste, du bist der Beste!

In die Kissen gelehnt, rauchen sie. Es ist Hasch, sagt Jo. Axel empfindet die Wirkung viel stärker als sonst, inhaliert den Rauch tief, spürt seinen Körper leicht werden, sich abheben vom Boden, die Gedanken verwirren sich . . .

Als er nach einigen Stunden erwacht, fühlt er sich unwohl. Der Kopf schmerzt, ihm ist übel, er glaubt brechen zu müssen, doch es geht nicht, auch nicht, als er den Finger in den Hals steckt. Jo, im Seidenpyjama bedauert ihn, streichelt ihn zärtlich, weiß Rat. Axel raucht wieder einen Joint, spürt nach einigen Zügen tatsächlich Besserung, der Kopfschmerz ist weg. Er fühlt sich frisch, unternehmungslustig. (Später weiß Axel, es war seine erste Begegnung mit Heroin.)

Die nächsten drei Tage verbringen sie damit, Axel von Kopf bis Fuß neu einzukleiden. Nur das Beste ist gut genug, sagt Jo und zahlt bar. An den Abenden ziehen sie von Disco zu Disco, die Nächte gehören ihnen. Axel raucht regelmäßig in der Nacht einen Joint, nach dem Aufstehen einen zweiten. Was Jo raucht, sieht anders aus. Aber Axel fragt nicht danach, für ihn ist es ohne Belang. Er hat sich in Jo verliebt, so verliebt, wie er es noch nie war, und er ist eifersüchtig, wenn er in der Bar die bewundernden Blicke der Männer und Frauen sieht, die Jo gelten. Der versteht es, ihn zu besänftigen: Du bist meine große Liebe, Axel!

Am vierten Tag ihres Zusammenseins packt Jo seinen Koffer. Ich muß wieder nach Hamburg, sagt er bedauernd, wenn du mich willst, folge mir in drei Tagen. Er bezahlt die Rechnungen, gibt Axel fünf Eintausendmarkscheine und eine Handvoll Joints. Axel begleitet ihn zum Flughafen und sieht mit Tränen in den Augen, wie das Flugzeug kleiner wird und schließlich in den Wolken verschwindet.

Wieder läuft er ziellos durch die Straßen. das bunte Vorweihnachtstreiben interessiert ihn nicht. Eifersucht nagt in ihm, weil er nicht weiß, warum er erst in drei Tagen nach Hamburg nachkommen soll. Im Hotel fühlt er sich sehr allein, seine Gedanken sind ständig bei Jo. Er fährt in die Discos, in denen er mit ihm war, findet keine Ruhe.

Ein neues Bedürfnis macht sich in ihm breit: Reich werden, Seidenanzüge tragen, in den ersten Hotels wohnen, wo ein Wink gleich ein Befehl ist, durch die Bars ziehen, sich die Partner aussuchen, die ihm gefallen, nie wieder abhängig sein von den kleinen Scheinen dickbäuchiger, speichelspritzender Freier.

Am Tag darauf geht er in ein exklusives Haarstudio, läßt sich beraten. Seine Haare sind blond, lang, ohne Glanz, er will sie schwarz haben. Färben ist zu billig, rät man ihm, anschweißen wäre Mode, lang sollten sie sein, bis zur Hüfte wenigstens.

Axel ist einverstanden, auch mit dem Preis. Dreitausendfünfhundert Mark hat er, und die sind ihm für ein neues Image nicht zuviel. Geduldig sitzt er Stunde um Stunde vor dem Spiegel, sieht seine eigenen Haare weniger werden, die neuen ihm wachsen. Nach vierzehn Stunden ist er ein anderer. Er kann es nicht glauben, vergewissert sich in jedem Spiegel, daß seine Haare hüftlang und schwarz sind. Er bindet sie zu einem Knoten, kleidet sich in schwarz, schminkt sich dezent und zieht die bewundernden Blicke der Discobesucher am Abend auf sich.

In der Nacht raucht er seinen vorletzten Joint und weiß, daß er morgen nach Hamburg fahren muß. Jo, ihn wiedersehen, mit ihm schlafen, und Joints will er von ihm. Diesen Wunsch spürt er ganz deutlich, auch wenn er ihn mit einem Anflug von Sorge verdrängt. Von Haschisch wird man nicht süchtig, das weiß er genau.

Am Morgen des nächsten Tages besteigt er den Intercity nach Hamburg, Die Boulevardblätter berichten in großer Aufmachung über eine bemerkenswerte Rede von Hans Modrow. Es ist der 16. Dezember 1989.

Hamburg

Am späten Nachmittag kommt Axel in Hamburg an. Er geht neugierig und ziellos durch die Hallen des Bahnhofs, findet Leben in ihnen, das ihn anspricht. Vor musizierenden Indern bleibt er lange Zeit stehen, ist fasziniert von der Exotik, den Klängen ihrer Musik. Die Menschen scheinen ihm anders als in Berlin, bedächtiger, mit zufriedeneren Gesichtern.

Sein geschultes Auge erkennt Stricher und suchende Schwule in eleganten Mänteln und Schuhen aus feinstem Leder.

In einem Café trinkt er Wodka und schwarzen Tee, raucht einige Zigaretten, und es macht ihn glücklich, wenn ihn bewundernde und neugierige Blicke der Gäste treffen. Er weiß, daß er sich sehen lassen kann, mit seinen hüftlangen schwarzen Haaren, die er mit einer Samtschleife zusammengebunden hat, in seinen Seidenhosen und dem modern geschnittenen Sakko. Stundenlang hat er vor dem Spiegel gestanden, sich gedreht, sich zugelächelt, seine Bewegungen korrigiert. Er ist dezent geschminkt, der herbe Duft von teurem Parfüm umweht ihn. Das alles macht ihn sicher.

Hamburg war für ihn die Reeperbahn und der Mann mit Ziehharmonika und Schiffermütze, die Stadt der Möwen und der Fahrensleute auf den sieben Weltmeeren. Nach zwei Stunden ist sie mehr für ihn: Weltstadt. In ihrer unendlichen Freiheit will er leben, leben, wie es seinen Vorstellungen entspricht, mit viel Geld, das er sich durch und mit Vergnügen verdienen will. Er fühlt sich unsagbar glücklich, denkt an Jo, seine Küsse und seine zärtlichen Hände, und sein Herz schlägt schneller.

An einem kleinen Tisch sitzend, sieht er das Menschengewimmel in der endlosen Halle und spürt plötzlich das unbändige Verlangen, einen Joint zu rauchen, sich in Stimmung zu versetzen. Er zahlt, geht, weiß, daß Jo einen Joint für ihn haben wird.

Langsam geht er die Bremer Reihe hinunter bis zum Hansaplatz. Zwei Mädchen versperren ihm den Weg. Sie sind jung, kaum sechzehn, tragen Pelzjacken, Miniröcke und lange Lederstiefel. Ihre Gesichter sind auffallend geschminkt. Die eine öffnet ihre Jacke, zeigt ihre nackten Brüste.

Ich heiße Nina, sagt sie zärtlich, ich mach's dir, wie du es willst.

Axel lacht, schüttelt den Kopf. Ich mag nur Männer, sagt er vergnügt, keine Babys!

Nina zieht die Jacke über der Brust zusammen. Scheiße, sagt sie enttäuscht. Kommt endlich mal ein vernünftiger Boy – ein Schwuler! Klar mi an Mors!

Ich kenne mich aus, sagt Axel gesprächig. Ich war Stricher in Berlin. Es gibt Tage, da läuft nichts. Kenn ich gut!

Die Mädchen schweigen verblüfft. Axel geht weiter, winkt ihnen kurz zu.

Er steigt in ein Taxi, nennt eine Adresse, die er selbst im Schlaf hersagen könnte; es ist die von Jos Wohnung. Vor einem Appartementhaus hält das Auto. Axel zahlt, läutet, das Herz schlägt ihm bis zum Hals, er ist sich sicher, in wenigen Sekunden in Jos Armen zu liegen. Eine junge Frau öffnet. Ihr Gesicht ist grell geschminkt, die Haare liegen glatt und glänzend am Kopf.

Sie müssen Axel sein, sagt sie grußlos, ihre Stimme ist leise, ohne jede Betonung.

Axel nickt verwirrt, folgt ihr in die kleine Wohnung, setzt sich. Er hat nicht einmal den Gedanken gehabt, daß Jo nicht da sein könnte. Die Frau irritiert ihn.

Ich bin Jana, Jos Frau, sagt sie. Ich weiß von dir, er hat es mir gesagt. Es ist nichts Neues für mich, fügt sie lächelnd hinzu, daß Jo Besuch von jungen Herren bekommt. Sie geht zum Telefon, wählt, sagt: Er ist hier.

Axel hört undeutlich Jos Stimme, am liebsten würde er Jana den Hörer aus der Hand nehmen, sagen: Jo, ich liebe dich, ich will zu dir!

Jana legt den Hörer auf, lächelt wieder, sagt: Ich bringe dich hin.

Dann trinken sie Kaffee in der winzigen Komfortküche, rauchen, Axel spürt Janas Körpergeruch, er ist süß oder herb, er kann es nicht feststellen, ihre Nähe erregt ihn, weil er sich vorstellt, daß Jo ihren nackten Leib umarmt, so wie er seinen umarmt hat. Im schwachen Licht der Tischlampe sieht er undeutlich Janas Brüste durch den dünnen Seidenstoff schimmern, er möchte sie anfassen, küssen, liebkosen, weil Jo sie liebkost hat. Als Jana vor ihm ins Wohnzimmer geht, sieht er ihre Schenkel, ihren schlanken Körper, der Mund wird ihm trocken, er spürt, wie seine Handflächen feucht werden.

Es gibt kein Gespräch zwischen ihnen, Jana lächelt freundlich, schweigt. Axel hat nicht den Mut, ein Gespräch zu beginnen. Schuld fühlt er nicht in sich, die Tage mit Jo sind eine Sache, die nur ihn und Jo etwas angehen, niemand sonst, auch Jana nicht. Sie verwirrt ihn, diese schwarzgekleidete, schweigende Frau, ihr gelegentliches Lächeln macht ihn unsicher. Eifersucht steigt in ihm hoch, sich von Minute zu Minute verstärkend, bohrend, ihm die Ruhe nehmend.

Dann fahren sie in Janas Auto durch die hellerleuchteten Straßen, vorbei an vielen Passanten, für die Axel kein Auge hat. Sein Interesse gilt Janas schmalen, beringten Händen, die mit leichtem Druck das Lenkrad umfassen. Diese Hände haben Jos Leib gestreichelt, ihm Lust gebracht, denkt er und möchte brennend gern, daß sie auch ihn streicheln.

Auf einmal löst sich ihre Hand vom Lenker, legt sich auf seinen Schenkel . . . Er lehnt sich zurück, schließt die Augen, spürt ihre suchende Hand . . . Dann hält das Auto, Axel säubert sich verlegen mit einem Papiertaschentuch, steigt aus; als der Wagen abfährt, sieht er Janas spöttisches Lächeln.

Mit zitternden Händen zündet er sich eine Zigarette an, raucht hastig und begreift langsam, daß ihm etwas passiert ist, was er nie für möglich gehalten hat.

Im Garderobenraum empfängt ihn ein junger, muskulöser Mann im schwarzen Jackett.

Ich möchte zu Jo, sagt Axel unsicher, Jana hat mit ihm telefoniert.

Der Muskulöse nickt wortlos, geht voran, klopft an eine der vielen Türen, sagt: Er ist da!

Dann sieht Axel den Mann, von dem er jede Nacht geträumt hat, umarmt ihn, küßt ihn, fühlt, wie ihm Tränen der Freude in die Augen steigen.

Sie trinken Kognak, rauchen, dann sagt Jo, daß er Geschäftsführer eines Bordells sei und daß er mit Axels Mitarbeit als Gesellschafter rechne. Das Bordell sei ein exklusives Geschäft, kein Stricherladen, die Honorare seien sehr gut, die Arbeitsbedingungen auch. Axel hört Jos Stimme, saugt sie förmlich in sich ein. Es überrascht ihn nicht, was er da hört, er hatte Jos Andeutungen in Berlin wohl verstanden. In einem exklusiven Bordell zu arbeiten, viel Geld zu verdienen und in Jos Nähe zu sein, findet er gut.

Eine halbe Stunde später gehen beide durch schwach

beleuchtete Korridore, betreten ein Zimmer. Es ist eher klein, ein Bett steht darin, ein Schrank, ein Tisch, Sessel, ein Kühlschrank.

Das ist dein Zimmer, sagt Jo, das Bad ist nebenan, essen kannst du in der Kneipe auf der anderen Straßenseite. Er küßt Axel zärtlich, sagt, daß er viel zu tun habe, geht. Zurück bleibt ein Hauch seines herben Parfüms.

Axel ist enttäuscht, anders hat er sich ihr Wiedersehen vorgestellt, ganz anders!

In der Kneipe gegenüber, er hat den Vorsatz, sich zu betrinken, seinen Kummer zu vergessen. Der Kneipenwirt heißt Emil, hat einen prachtvollen Kutscherbart und eine Lederschürze vor seinem Kugelbauch. Als er Axel den vierten Wodka bringt, sagt er wie beiläufig, daß der Mensch nur eine Leber habe, und das sei gewollt so. Axel schweigt, trinkt aus, zahlt, geht, schwankt über die Straße, spürt die Übelkeit in sich aufsteigen, erbricht stinkenden Mageninhalt gegen die Hauswand.

In seinem Zimmer sitzt Jo. Dummerchen, sagt er zärtlich, drückt Axel. Sie gehen zusammen ins Bad, lachen, lieben sich. Als Jo gegen Mitternacht Axels Zimmer verläßt, legt er wortlos eine Handvoll Joints auf die Bettdecke.

Axel raucht gierig, spürt sich leichter werden, das Bett und der Schrank beginnen sich sanft zu wiegen . . .

Als er am nächsten Tag erwacht, ist ihm übel. Der Kopf schmerzt, die Zunge fühlt sich an, als sei sie doppelt so groß und rauh. Es wird der Wodka von Emil sein, beruhigt er sich, doch irgendwo in ihm steckt die Furcht, daß es die Wirkung des Joints sein könnte.

Am frühen Nachmittag trifft er Jo. Der gibt sich sehr geschäftig, küßt Axel flüchtig, dann stellt er ihm die anderen Gesellschafter vor. Es sind elf, Axel hört Namen, die er sofort wieder vergißt, sieht geschminkte Gesichter,

79

fühlt schlaffe Hände. Ein Gesicht und ein Name prägen sich ihm doch ein. Es ist ein breites, gutes Gesicht, ungeschminkt, mit lebhaft schwarzen Augen darin und krausen Haaren auf dem Kopf. Das ist Oma, hört er Jo spöttisch sagen, Türke, nicht sehr erfolgreich, kaum Freier. Nimm dir kein Beispiel an ihm. Axel findet den Türken sympathisch, blinzelt ihm zu.

Dann wird Axel fotografiert. Er muß in Ledersachen schlüpfen, in Jeans, in lange Gewänder. Er muß sich nackt auf den Teppich legen, die Fotografin weist ihn an, seinen Penis zu reizen. Die Bilder sind für einen Katalog, weiß Axel, die Freier suchen sich ihren Typ aus, vereinbaren einen Termin mit ihm. Als er im schwarz-gold bedruckten Kaftan fotografiert wird, die langen Haare mit einer Schleife gebunden, kommt Jo dazu. Das ist es, sagt er hastig, bindet Axel ein goldenes Kettchen um den Hals, zieht den Kaftan über der Brust weit auseinander, weist die Fotografin an, unbedingt die krausen Brusthaare auf das Bild zu kriegen. Du darfst den Kaftan behalten, sagt er zärtlich zu Axel.

Auf dem Korridor stößt Axel mit Oma zusammen. Du bist aus der DDR? fragt der. Ich war mal dort, sagt Oma, es war vor zwei Jahren. Einen Tag lang war ich dort. In Berlin. Dann zählt er auf, was er dort gesehen hat. Den Fernsehturm, den Straußberger Platz, die Nofretete.

Unvermittelt sagt Oma dann, daß die Jungen untereinander verfeindet seien und Axel niemandem trauen dürfe.

Als um sechzehn Uhr der Bordellbetrieb beginnt, trägt Axel den schwarzen Kaftan mit dem goldenen Druck. Das Gesicht ist schwach geschminkt, um den Hals trägt er Jos Kettchen.

Die Gesellschafter treffen sich in der Bar, sitzen herum, rauchen, trinken alkoholfreie Getränke. Jo klärt Axel auf. Der Freier zahlt dir siebenhundert Mark, sagt er, davon behältst du fünfhundert, den Rest lieferst du mir nach Feierabend ab. Extras werden grundsätzlich extra vergütet. Ein Kuß bis zu einhundert Mark, Analverkehr hundertfünfzig zusätzlich. Trinkgelder kannst du grundsätzlich behalten.

Axel rechnet blitzschnell mit, findet seine neue Stelle „echt Wahnsinn", nimmt sich vor, reich zu werden. Er hat die Idee, sich von seinem vielen Geld einen großen amerikanischen Wagen zu kaufen, nach Hause zu fahren. Vor dem Wohnblock vorzufahren, auszusteigen im schwarzen Kaftan und mit offenen Haaren, Sandalen an den Füßen. Ins Haus zu gehen, mit langsamen Schritten, bedächtig, würdig, sich vorstellend, daß er auf die Gaffer in den Fenstern Eindruck machen würde, als sei Jesus angekommen oder Gandhi oder eben der nun exotische Axel, der Schwule.

Der Nachmittagsbetrieb ist mäßig. Nur gelegentlich kommt der muskulöse Garderobier in die Bar, nickt einem der Gesellschafter zu. Der geht mit triumphierendem Blick, um nach ein oder zwei Stunden zurückzukehren.

Axel sitzt neben Oma, der pausenlos von seiner Heimat und der schönen DDR schwatzt, raucht und dabei literweise Cola trinkt. Er fühlt sich wohl in seiner Umgebung, ist sich sicher, daß die Erfolgserlebnisse sich bald einstellen werden.

Gern würde Axel jetzt auf sein Zimmer gehen, einen Joint rauchen, der ihm die leichten Kopfschmerzen nimmt, doch er traut sich nicht, den Raum zu verlassen. Es ist später Abend, als der Garderobier zu ihm kommt, ihm einen Zettel gibt und sagt: äußerste Diskretion, das Taxi wartet. Axel spürt seine Handflächen feucht werden, raucht hastig, dann besteigt er das Auto.

Die Fahrt durch die vorweihnachtlich geschmückten Straßen dauert nur wenige Minuten. Axel entlohnt den

Fahrer, liest den Namen des Hotels, erschrickt, möchte am liebsten umkehren, eine Stricherkneipe wäre ihm jetzt lieber. Dann geht er unsicher in die große Halle, vorbei an Palmengruppen, goldgefaßten Spiegeln, schmiedeeisernen Gittern. Keiner der Gäste nimmt Notiz von ihm. Ich möchte in die Suite . . ., sagt Axel leise zum Portier, der nickt, weist zum Aufzug, sagt: Bitte, dritter Stock!

Ein junger Mann öffnet Axel die Tür. Er trägt einen weinroten Morgenmantel, um den Hals hat er einen schwarzen Seidenschal geknüpft. Er ist fast einen Kopf kleiner als Axel. Nenn' mich Tom, bittet er, drückt Axel in einen Sessel.

Sie trinken Sekt, Tom reicht Kaviar und Hummer, Lachsbrote und Piroggen. Du sollst dich wie zu Hause fühlen, sagt er zärtlich, und Axel stellt sich sein Zuhause vor. Drei Zimmer, Küche, Bad, Balkon im Neubaublock. Vier Etagen darüber, ständiges Getrappel von Kinderfüßen, keifende Stimmen der Frauen, laute Radiomusik, kreischende Bohrmaschinen am Sonntagnachmittag.

Axel geht durch die Räume der Suite. Zwei Wohnzimmer, ein Bad, ein Schlafzimmer, fest verschlossen. Gleich, sagt Tom geheimnisvoll, dann nippen sie am eiskalten Wodka, rauchen türkische Zigaretten. Ich will jetzt, ruft Tom, springt auf, öffnet das Schlafzimmer, schiebt den staunenden Axel hinein. Ein großes Bett, das auch zehn Schlafenden Platz bieten würde, auf dem Laken Slips, Höschen mit Rüschen in allen Farben, Schnürkorsagen von anno dunnemals. Axel muß sich ausziehen, Tom befühlt ihn mit heißen Händen, dann befiehlt er ihm, die Höschen anzuziehen.

Und Axel tut es, das Lachen ist ihm nahe, er ist sich sicher, einen harmlosen Spanner vor sich zu haben. Doch ihm fällt der Sadist ein. Er erschrickt, mit keinem Gedanken hat er auf der Fahrt zum Hotel daran gedacht, erneut in die Hände eines Wahnsinnigen zu geraten. Mit Tom würde er im Ernstfall fertig werden, sollte der ähnliche Wünsche haben. Doch der ergötzt sich an Axels Höschenschau, drängt ihn, sich zu drehen, sich zu bücken, die Rüschen zu heben, zu sagen: Ei, wie ist das Höschen schick!

Wohl eine Stunde lang führt Axel Slips und Korsagen vor, dann ist Tom am Ziel, sinkt erschöpft auf die farbigen Schlüpfer. Axel kleidet sich an, wartet rauchend im Nebenzimmer. Er ist froh, seinen ersten Auftrag erfüllt zu haben, „mit spritzendem Erfolg", wird er Jo melden. Tom wirft einen großen Geldschein auf den Tisch. Geh jetzt, sagt er fast unwillig.

Axel geht, wartet in der Halle auf ein Taxi, fährt ins Bordell zurück. Ich muß mich ein wenig zurechtmachen, sagt er zu Jo, dann läuft er hastig durch die Korridore, zündet mit zitternden Händen einen Joint an, atmet den Rauch tief ein, spürt sich ruhig werden.

Nach einer halben Stunde tänzelt er in die Bar zurück, seine übertriebene Heiterkeit fällt auf, auch Jo bemerkt sie, wirft Axel strafende Blicke zu. Der übersieht sie, lädt Oma zu einem Drink ein. Während der Arbeit trinke ich keinen Alkohol, sagt der vorwurfsvoll, du solltest es auch nicht.

In dieser Nacht bekommt Axel keine Arbeit mehr, doch er weiß, daß sein Katalog viele Freier anlocken wird. Morgen, übermorgen, in vier Wochen, irgendwann werden sie kommen und dann immer wiederkehren.

Gegen vier Uhr in der Früh klatscht Jo laut in die Hände, ruft: Feierabend, Jungs! Als Axel an der Garderobe vorbeigeht, sieht er dort seinen Katalog liegen. Nicht übel, sagt der Garderobier, wirklich nicht übel!

Der nächste Tag beginnt für Axel wieder mit Übelkeit, Kopfschmerz, Brechreiz. Wieder versucht er sich zu erbrechen; es gelingt ihm nicht. Hasch macht nicht süchtig, redet er sich ein, Tausende rauchen Hasch und werden nicht süchtig! Und doch kommen Zweifel, machen ihn unsicher. Drei Joints hat er noch, aber dann? Entweder er bittet Jo, ihm neue zu besorgen, oder er raucht keine Joints mehr. Zigaretten, ja, Hasch nicht mehr! Er nimmt sich vor, die Joints noch zu rauchen, dann einfach aufzuhören.

Am frühen Nachmittag kommt Jo in sein Zimmer. Gruß von Jana, sagt er spöttisch.

Axel wird rot. Hast du mit ihr geschlafen? fragt er eifersüchtig.

Sie ist schließlich meine Frau, Jo ist leicht ärgerlich.

Axel umfaßt ihn zärtlich. Du gehörst mir, sagt er, mir ganz allein! Jo schiebt ihn weg, sei nicht kindisch, Menschenskind! Es ist schön mit uns! Na okay, auch mit Jana ist es schön. Ab Montag übernimmst du das Lederstudio.

Er geht grußlos. Axel preßt die Fäuste vor die Augen. Diese verdammte Frau, stößt er hervor, diese verdammte Frau! Dann trinkt er Kaffee und geht um sechzehn Uhr in die Bar. In dieser Nacht macht er zwei Hausbesuche. Es sind bescheidene Hotels, in denen er auf ältere Männer trifft, Dienstreisende, die ihre kurze Freiheit ausnutzen wollen. Beide finden die Preise hoch, leisten sich keine Extras.

Du bist ein Klassemann, sagt der eine zu Axel, eine männliche Edelnutte. Der nimmt es als Kompliment.

Gegen Morgen fühlt Axel sich wieder unwohl. Kopfschmerzen, Übelkeit, er bildet sich ein, Nierenschmerzen zu haben. Er möchte zu Jo, an seiner Brust liegen, ihn streicheln, einfach nur streicheln, wissen, daß der nur für ihn da ist.

In seinem Zimmer ist Jo nicht. Als Axel den Korridor zurückgeht, hört er unterdrückte Stimmen aus einem der Gästezimmer. Er reißt die Tür auf, wissend, Jo zu finden, er täuscht sich nicht, sieht ihn unter einem dunkelhäutigen Mann im Bett.

Du Schwein, schreit er unbeherrscht, du verdammtes Schwein, schlägt die Tür zu, läuft in sein Zimmer, weinend, unfähig, klar zu denken. Er reißt sich den Kaftan vom Körper, wirft ihn achtlos auf den Boden, zieht sich Hosen an, ein Hemd, eine Jacke. Stopft einige Geldscheine in die Hosentasche, läuft aus dem Raum auf die Straße. Es regnet, böiger Wind treibt dicke Wolken über die Stadt. Axel sieht, daß bei Emil noch Licht brennt.

Die Kneipe ist trotz der frühen Morgenstunde noch gut besucht. Gestikulierende Männer, streitend, Karten spielend, eine betrunkene Frau schläft, mit dem Gesicht auf der Tischplatte.

Emil bringt unaufgefordert Bier und Wodka und fragt: Ärger?

Axel nickt, trinkt den kalten Schnaps, raucht, will noch einen Doppelten.

Bist bei Jo? fragt Emil wie nebenbei.

Bin ich, bei dem Scheißkerl, sagt Axel böse.

Emil setzt sich, die Schnapsflasche in der Hand. Gottchen, sagt er, nimm's nicht so tragisch, bist noch jung. Der Jo ist clever, verstehst du. Eiskalt ist der Bursche. Für dich ein paar Nummern zu groß. Er steht auf, geht hinter seinen Tresen.

Nach dem vierten Doppelten sieht Axel die Welt anders. Nüchterner – aus der Distanz gewissermaßen, fast als Danebenstehender. Der Jo ist ein Schwein, okay, ein ganz verdammtes, untreues Schwein. Erst rutscht er auf der Jana rum, dann knutscht er sich mit einem Schwarzen. Soll er, verdammt nochmal, soll er doch. Clever, hat Emil gesagt, clever! Scheißclever, ich, Axel K., bin auch clever! Eine Lehre müßte man dem flotten Jo erteilen, jawohl, eine Lehre!

Nach dem sechsten Doppelten sieht Axel noch viel

klarer. Umbringen wird er den Jo, umpusten, allemachen, ein für allemal. Er findet den Gedanken so lustig, daß er laut auflacht.

Die Männer am Nachbartisch horchen auf, einer legt die Karten beiseite, tritt an Axels Tisch, fragt drohend: Sind wir so lächerlich?

Der verkennt den Ernst der Situation völlig. Ich will einen allemachen, lacht Axel kichernd, allemachen, peng! Macht die Geste des Erschießens! Dann lädt er die Männer an seinen Tisch, spendiert Bier und Schnaps.

Als Emil Feierabend ruft, bezahlt Axel eintausend Mark und schwankt über die Straße. Daß er die Männer beauftragt hat, ihm für zweitausend Mark eine Pistole zu besorgen, hat er schon vergessen.

In seinem Zimmer wartet Oma auf ihn. Du bist ein blöder Kerl, sagt er, als er Axel sieht. Jo ist wütend auf dich. Er will dich rausschmeißen.

Axel lacht, umarmt Oma, küßt ihn, fällt auf sein Bett, schläft sofort ein.

Am nächsten Tag weckt Jo ihn. Axel hat wahnsinnige Kopfschmerzen, er kann nicht klar denken, erbricht sich. Er will nicht, daß Jo ihn in seinem jämmerlichen Zustand sieht.

Der geht, sagt: Komm nachher in mein Büro.

Axel duscht heiß und kalt, hat das Gefühl, die ganze Nacht Holz gehackt zu haben, alle Knochen tun ihm weh, alle Muskeln. Er raucht, schminkt sich sorgfältig, dann sucht er nach dem letzten Joint, er findet ihn nicht. Ich werde Jo bitten, mir welche zu besorgen, nimmt er sich vor, die Abmachung mit sich selbst hat er vergessen.

Jo erwartet ihn, er ist wie umgewandelt, drückt ihn zärtlich, serviert Kaffee, bietet Zigaretten an. Du Dummerchen, sagt er nachsichtig, als Geschäftsführer habe ich gewisse Verpflichtungen, Du verstehst?

Axel schüttelt den Kopf. Er will Jo für sich, ganz allein

für sich. Er will ihn nicht mit Jana teilen und schon gar nicht mit irgendwelchen Dunkelhäutigen.

Jo raucht, denkt nach, telefoniert, dann sagt er behutsam: Ich bin ehrlich zu dir! Ich mache dich zu einem Gesellschafter, um den sich die Prominenz reißen wird! Du wirst viel Geld verdienen, wenn du willst, die Welt sehen! Bedingung: Nur alle zwei Tage einen Joint, keinen Alkohol, keine Eifersucht!

Gib mir einen Joint, bittet Axel leise, bitte nur noch einen einzigen!

Zwei Tage später übernimmt Axel das Lederstudio. Ein mittelgroßer Raum mit verspiegelter Decke, Wände und Fußboden mit schwarzem Leder bezogen. In der Mitte des Raumes ein übermannshohes Kreuz aus Metallstreben, Hand- und Fußfesseln daran. Axel hat Furcht vor dieser neuen Aufgabe, er ist kein Mann der Gewalt, die er für Schwäche hält. Er hat die Gewalt am eigenen Leibe erfahren, und es ist ihm kein Trost, daß er eine Gewalt ausüben soll, über ein Opfer, das Opfer sein will. Vergnügen bereitet es ihm, die Kleidung anzuziehen, die verlangt werden kann: aus Leder, aus Gummi, aus Seide.

So sitzt er am Nachmittag in der Bar, sorgfältig gekämmt, geschminkt, dezent parfümiert. Er weiß von Jo, daß es wegen ihm eine Reihe telefonischer Anfragen gegeben hat. Auch Prominenz, hat Jo gesagt, Stammkundschaft und Prominenz!

Die anderen Gesellschafter beäugen ihn mißtrauisch, für sie ist Axel eine unangenehme Konkurrenz. Wandern ihre Stammfreier ins Lederstudio ab, sinkt damit ihr eigener Verdienst.

Axel ahnt ihre Gedanken, sie stören ihn nicht. Stricher untereinander sind wie Hund und Katze, weiß er.

Jo kommt, ist ein wenig erregt, sagt: Los, das Auto wartet, mach deine Sache gut.

Vor dem Haus steht ein Auto, ein Chauffeur, die Uniformmütze in der Hand. Sie fahren langsam durch die überfüllten Straßen, Axel sieht Weihnachtsmänner, die Pfefferkuchen und Bonbons verteilen. Er weiß, daß in zwei Tagen Heiligabend ist, er hat Angst davor. Er ist nie über das Weihnachtsfest von zu Hause fort gewesen, immer haben die K.s die Feiertage gemeinsam verbracht. Damals, vor drei Jahren, als Vater K. noch in der Familie war, zu dritt, dann zu zweit.

Axel lehnt sich in die Polster, schließt die Augen, bildet sich ein, die Glocken der Christuskirche läuten zu hören. Das Auto fährt von der Straße ab, einen Kiesweg entlang, hält vor einem efeubewachsenen Flachbau. Der Fahrer öffnet die Autotür, hält wieder die Mütze in der Hand.

Ein dunkel gekleidetes Mädchen mit einer weißen Haube auf dem Kopf führt Axel eine breite Kellertreppe hinunter. Sie betreten einen großen, verspiegelten Raum, in der Mitte ein Wasserbassin, rundherum weiße Polsterstühle und flache weiße Liegen.

Das Mädchen geht, Axel steht vor dem Beckenrand, er ist mißtrauisch, muß an den sadistischen Spanier denken, gerne würde er wieder gehen, in der Bar sitzen, auf Freier warten.

Er erschrickt, als plötzlich ein Junge vor ihm steht, nackt, kleiner als Axel, knabenhaft schlank. Ich bin Paul, ich finde dich okay, sag nichts, mach, was ich dir sage. Er reibt Axel mit Öl ein, sehr sorgfältig, sehr liebevoll, sehr zärtlich, küßt ihn. Axel steht da mit geschlossenen Augen, fühlt die Lust in sich steigen, spürt Pauls geschickte Hände zwischen seinen Schenkeln. Dann reibt er den Jungen ein, der leise stöhnt, sich unter Axels Händen windet.

Sie küssen sich, fallen übereinander, gleiten ab vom Leib des anderen. Paul springt auf, läuft um den Beckenrand, Axel verfolgt ihn, greift nach ihm, beide stürzen zu Boden, wieder flieht Paul, läßt sich einfangen. Sie küssen sich heftiger, lustvoller, stöhnen, gleiten voneinander ab. Das Spiel dauert nahezu eine Stunde, Axel begreift nicht, was es bedeutet, er ist erregt wie selten in seinem Leben, drückt Paul mit seinem Gewicht zu Boden, dringt in ihn ein, rasend vor Lust.

Sie lassen voneinander, liegen erschöpft am Boden, keuchend und fast ohne Atem. Geh rasch, sagt Paul, und Axel sieht das Mädchen mit der weißen Haube wartend an der Eingangstür stehen. Er wirft den Kaftan über seinen öligen und verschwitzten Körper und geht. An der Tür blickt er zurück, sieht flüchtig, daß eine der Spiegeltüren sich öffnet und ein dickbäuchiger alter nackter Mann auf Paul zugeht. Da begreift Axel, daß nicht Paul, sondern der nackte Mann im Spiegelschrank sein Auftraggeber ist.

Der Fahrer fährt ihn ins Bordell zurück, überreicht ihm wortlos einen Briefumschlag. Noch in der Garderobe reißt Axel ihn ungeduldig auf. Er enthält einen Tausendmarkschein.

Um Mitternacht lernt er Guy kennen, den Bärtigen, den Sanftmütigen, den Alkoholiker, der verlangt, nackt ans Kreuz gebunden zu werden; stockbetrunken und Speichel läuft ihm aus dem Mund.

Axel fesselt ihn, froh, nicht Wünsche mit Körperkontakt erfüllen zu müssen. Guy verlangt, geohrfeigt zu werden, dann weint er, klagt über sein beschissenes Leben, beschimpft seine Frau und die geldgierige Familie. Axel hört zu, wortlos, es ist ihm unangenehm, den Mann jammern zu hören. Gern hätte er ihn vom Kreuz genommen, auf die Matten gelegt, ihn schlafen lassen. Guy ist ausdauernd, hat viel zu klagen, Axel hat aufgehört, die Ohrfeigen zu zählen, die der Bärtige verlangt. Nach zwei Stunden will er schließlich entfesselt werden, er taumelt nicht mehr, sein Blick ist nahezu klar.

Er zieht sich an, wirft Axel seine Brieftasche zu, sagt: bedien dich! Mit großen Augen sieht Axel große Scheine, Schecks, Kreditkarten. Mit zitternden Händen entnimmt er einen Fünfhunderter, reicht die Tasche zurück. Guy, wirft einen flüchtigen Blick auf den Schein, lächelt, sagt: Du bist zu bescheiden, Junge. Dann geht er grußlos.

Als Jo „Feierabend" befiehlt, treffen sich die Gesellschafter in der Bar. Außer Oma haben alle Jungen ihren Verdienst. Axels Anteil beträgt eintausendeinhundert Mark.

Für den Anfang nicht schlecht, sagt Jo, dann begleitet er Axel auf sein Zimmer. Sie trinken Sekt, lieben sich unter der Dusche, lachen, und Axel findet, daß Jo wieder der Jo von Berlin ist. In dir steckt das Zeug zu einem ganz Großen, sagt Jo, und als er geht, legt er einen Joint auf den Tisch. Der letzte kostenlose, mein Freund, ab morgen wird dafür bezahlt. Er lächelt Axel freundschaftlich zu, geht geräuschvoll aus dem Zimmer.

Axel legt sich auf sein Bett, schließt die Augen, dann sagt er laut: Jo, ich liebe dich, ich liebe dich abgöttisch!

In der Nacht hat er einen seltsamen Traum: Er sieht Jana auf einem weißen Pferd durch die Luft reiten, begleitet von dem Dunkelhäutigen, der auf einem schwarzen Pferd sitzt. Sie reiten um die Wette, geraten in die Wolken, verschwinden konturenlos darin. Die Pferde kommen heraus, mit leeren Sätteln, und plötzlich erschallt Jos laute Stimme: In dir steckt das Zeug zu einem ganz Großen! Die Wolken werden hell und immer heller, strahlen weiß, Axels Augen öffnen sich und blicken verständnislos in die helle Deckenlampe über ihm.

Am Vorabend des Heiligen Abend stellt der Garderobier in der Bar einen Tannenbaum auf, übermannsgroß und nach frischem Harz riechend. Die Jungen behängen ihn mit Kugeln, legen Girlanden um ihn, sind lustig dabei.

Axel hilft nicht mit. Er hat Angst vor dem Fest, kann kein Weihnachtslied hören, ohne feuchte Augen vor Heimweh zu bekommen. Oma versucht ihn abzulenken, umsonst.

In Emils Kneipe trinkt Axel einige Schnäpse, wohl wissend, daß Jo Alkohol vor Arbeitsbeginn verboten hat. Es ist ihm egal, er rechnet aus, daß er noch in der Nacht in Wittenberg sein könnte, führe er noch am Abend aus Hamburg ab. Dann zwingt er seine Gedanken in eine andere Richtung. Ohne Geld zu Hause erscheinen, wäre so, als würde er sagen: Seht her, ich habe es nicht geschafft, ich bin ein Versager! Ja, mit mindestens zehn Riesen in der Tasche, da ginge es schon. Nach dem fünften Schnaps fühlt er sich wohler, glaubt, den verdammten Heiligabend überstehen zu können. Ein Joint wäre gut, allemal besser als Schnaps, doch er hat keinen mehr. Jo muß ihm einige geben, schließlich ist doch Weihnachten! Er zahlt, wünscht Emil ein gutes Weihnachtsgeschäft, geht.

Jo wartet in der Garderobe auf ihn, er wird wütend, als er Axels Alkoholgeruch wahrnimmt. Du Blödmann, sagt er unbeherrscht, du dämlicher Provinzheini, sauf, wenn du frei hast. Ich sollte dich rauswerfen!

Axel zwingt sich, nichts zu erwidern, sagt fast demütig: Gib mir ein paar Rollen, Jo, nur noch diesmal! Es ist Weihnachten, Jo!

Der setzt sich auf den Garderobentisch, blickt Axel an, sagt sehr betont: Hör auf, harte Drogen zu nehmen. In den Joints ist Heroin, verstehst du, Heroin!

Was hat Jo da gesagt. Axel hat Mühe es zu begreifen. Seine Gedanken überschlagen sich. Angst steigt in ihm hoch, doch nur einen Augenblick lang, dann denkt er wieder klar, sagt: Ich hab keine Angst vor dem Krepieren, Jo! Bestimmt nicht! Er geht aus dem Raum und sieht dabei das fassungslose Gesicht von Jo.

In seinem Zimmer wirft Axel sich auf das Bett, spürt

seine Tränen auf der Haut und hat plötzlich Sehnsucht nach der Lesbe. Er möchte mit ihr wieder auf einer Matratze liegen, ihr eine neue Geschichte erzählen, die Geschichte von dem kleinen Schwulen, der zu einem Drogenabhängigen wurde.

Wieder steigt die Angst in ihm hoch. Von vielen Drogentoten hat er in den Zeitungen gelesen, die Bilder gesehen, wie sie in den Bahnhofsklos gelegen haben, manchmal noch die Nadel in der Vene. Ich rauche, versucht er sich zu beruhigen, rauchen ist nicht schlimm, bei weitem nicht so schlimm wie das Drücken. Aufhören kann ich sofort! Sofort! Ich sage mir: aufhören, und dann wird es so. Jetzt will ich es noch nicht!

Er zündet sich eine Zigarette an, blickt dem Rauch nach, stellt sich vor, wenn seine Mutter einen Brief bekäme, in dem stünde, daß ihr einziger Sohn Axel an einer Überdosis Heroin gestorben ist. Das wäre hart, auch irgendwie blamabel. Gut wäre es, stünde noch in dem Brief, daß der Verblichene sein Vermögen von zwei Millionen Mark seiner geliebten Mutter vererbt hat. –

Er lacht laut auf. Es verwirrt ihn, sein Lachen zu hören. Ich müßte mal beten, denkt er, doch ein Gebet fällt ihm nicht ein.

Den ganzen Nachmittag besucht kein einziger Freier das Bordell. Die Jungen sitzen in der Bar, die Stimmung ist gedrückt. Oma schreibt mit unbewegtem Gesicht einen Brief nach Hause. Der Garderobier singt Weihnachtslieder.

Axel sitzt am Fenster und blickt hinaus, die Straße ist leer, nur wenige Autos fahren vorbei. Er hat Durst, er möchte sich betrinken, schlafen, bis die verdammten Weihnachtstage vorbei sind. Abends erscheint doch ein Gast. Ein lustiger Mann, den die Jungen Dad nennen, ein Stammgast. Er packt Kaffee aus und Unmengen Kuchen. Frohe Weihnachten, sagt er und küßt jeden.

Schließlich sitzen sie alle um einen großen Tisch und essen und lachen. Dad unterhält die Jungen mit Weihnachtsgeschichten, die er angeblich aus dem Hut erfindet. Axel kennt einige aus einem Weihnachtsmärchenbuch. Gegen Mitternacht geht Dad, die Jungen begleiten ihn bis zu seinem Auto, winken ihm nach, dann sitzen sie wieder in der Bar.

Als Axel am frühen Morgen in sein Zimmer kommt, findet er auf seinem Bett drei Joints und einen Zettel. Darauf steht: Sei am 25. 12., um 12 Uhr, im „Goldenen Drachen". Eine Unterschrift fehlt, doch Axel weiß, daß es Jos Schrift ist. Er weiß nicht, was er im „Goldenen Drachen" soll, er raucht genußvoll und hat wenige Minuten später alle Sorgen vergessen.

Der „Goldene Drachen" ist ein kleines, verräuchertes Lokal. Als Axel es betritt, sind nur wenig Tische besetzt. Der Wirt, ein glatzköpfiger Chinese, bringt unaufgefordert Bier und Reisschnaps. Zum Wohl, sagt er, sich übertrieben verbeugend. Axel hat Kopfschmerzen, ihm ist übel. Mit angehaltenem Atem trinkt er den handwarmen Schnaps. Merkwürdigerweise schmeckt er ihm und er verlangt einen zweiten.

Rauchend mustert Axel die Gäste. An einem kleinen Ecktisch bedrängen einige Männer eine Frau. Die öffnet Knopf für Knopf ihrer Bluse, die Männer stecken lärmend Geldscheine in das Dekolleté. Ein Bärtiger legt Karten, er raucht Pfeife und hat eine halbvolle Flasche Rotwein vor sich. Ein Pärchen, Hände haltend. Es ist weit nach zwölf Uhr, als ein Mann den Raum betritt, er trägt eine Sonnenbrille, sein Gesicht ist pockennarbig. Eine Weile steht er unschlüssig zwischen den Tischen, dann setzt er sich unaufgefordert an Axels Tisch. Er bestellt Bier und Reis mit Fisch.

Du kommst von Jo? fragt er vorsichtig.

Axel nickt verwundert. Ich sollte um zwölf Uhr hier sein, sagt er, ich bin hier und weiß nicht mal, warum!

Der Pockennarbige lacht verhalten. Ich bin der Weihnachtsmann, sagt er, ich bringe Hasch, Marihuana, Koks und Heroin. Du gibst mir deinen Wunschzettel, ich liefere! Jo sagt, daß du sauber bist! Was willst du?

Axel ist verwirrt, ich weiß es nicht, sagt er, Jo hat mir immer Joints gegeben. Ich weiß es nicht.

Der Pockennarbige ißt, sieht nicht von seinem Teller auf. Jeden Sonntag um zwölf Uhr bin ich hier, sagt er, steht auf, geht grußlos.

Neben der Speisekarte liegt ein winziges Päckchen. Axel steckt es rasch ein, zahlt, verläßt den Raum, begleitet von den offenbar wissenden Blicken des Wirtes.

In seinem Zimmer öffnet Axel mit zitternden Händen das Päckchen des Pockennarbigen und liest, daß er ihm fünftausend Mark für dessen Inhalt schuldet. Die Summe erschreckt ihn, er hat sich nie Gedanken darüber gemacht, welchen Preis die harten Drogen haben und er nimmt sich fest vor, das Geld dem pockennarbigen Dealer zu zahlen und nie wieder bei ihm zu kaufen.

Am zweiten Weihnachtsfeiertag hat Axel ein Erlebnis, vor dem er sich seit seiner Ankunft im Bordell gefürchtet hat. Er lernt den Lord kennen, einen großen, korpulenten Mann, der mit seinem Leibwächter im Bordell erscheint.

Ich bin nicht leicht zu befriedigen, sagt der Lord zu Axel, ich steh auf Psychosex, mein Freund.

Axel sieht mit Verwunderung, daß der Mann sich einen schwarzen, hautengen Anzug aus gummiähnlichem Material anzieht, dann verlangt er, mit Ketten an das Kreuz gebunden zu werden. Er gebietet Axel, ihn mit der Lederpeitsche zu schlagen, kräftig zuzuschlagen, ohne Rücksicht auf Gefühle. Zitternd nimmt Axel die Peitsche in die Hand, sieht den abwartenden Blick des Lord, schlägt zu, zögernd, und hinterläßt kaum Wirkung bei dem Gefesselten.

Schlag, keucht der, schlag zu! Axel schlägt erneut zu, diesmal stärker, denkt an Jos Worte: Der Lord will geprügelt und gedemütigt werden. Schleif ihn über den Boden, und er wird dir die Füße küssen. Der Lord ist immer noch unzufrieden, will den Schmerz intensiver spüren, beschimpft Axel einen Hurensohn, einen Schwächling, einen Versager. Der schlägt härter zu, mit zusammengebissenen Zähnen und Tränen der Verzweiflung in den Augen. Versager, hört er den Lord schreien, Versager! Und langsam gefällt es Axel, den Mann zu schlagen, ihm Schmerzen zuzufügen, ihn zu bestrafen. Vom Versager, schreit er zurück, schlägt zu, hört die wollüstigen Schreie des Gefesselten, schlägt weiter, wie von Sinnen, dann hält er keuchend inne, als begriffe er erst jetzt, was geschehen ist. Der Lord wimmert, will, daß Axel ihm die Ketten abnimmt, der tut es, wirft den Mann brutal auf den Boden, legt ihm Handschellen an, schleift ihn auf dem Rücken durch den Raum, die wenigen Treppen hinunter über den Korridor bis in die Bar. Dort sitzen die Gesellschafter, mit ihren Gästen, sehen verwundert auf Axel und den Liegenden, begreifen, lachen, schmähen den Liegenden: Scheißkerl, armselige Kreatur, hirnloses Vieh! Der Lord wimmert, wälzt sich am Boden, bittet um Wasser, einer der Gäste gießt ihm lachend den Inhalt seines Glases ins Gesicht, tritt mit dem Fuß nach ihm.

Axel schleift den Lord ins Lederstudio zurück, nimmt ihm die Handschellen ab, er hat ein ungutes Gefühl, meint, zu weit gegangen zu sein. Entschuldigung, sagt er leise, der Lord lacht, zieht den schwarzen Anzug aus, deutlich sind rote Striemen an seinem nackten Körper zu sehen. Du warst gut, my boy, sagt er zufrieden, sehr gut! Dann duschen sie gemeinsam, trinken Sekt an der Bar, und als der Lord geht, küßt er Axel zärtlich. Ich komme nur noch zu dir, my boy!

In den nächsten Tagen und Nächten hat Axel einige

Freier, die so wie der Lord behandelt werden wollen. Sehr rasch hat er begriffen, was von ihm erwartet wird, und er hat nur zufriedene Kunden. Auch Stammfreier der anderen Jungen wechseln zu ihm über. In mancher Nacht hat Axel drei Kunden, sein Reinverdienst beträgt dann eintausendfünfhundert Mark, die Extras nicht mit eingerechnet.

Sein Verhältnis zu Jo ist so gespannt, wie das zu den anderen Gesellschaftern, die neidisch auf seine Erfolge sind. Axel empfindet eine Haß-Liebe zu Jo, muß oft genug zusehen, wie der mit irgendwelchen Kunden in einem der Zimmer verschwindet. Das Heroin tröstet ihn, läßt ihn seine Eifersucht vergessen, in den Drogenträumen gehört Jo nur ihm.

Am Sylvesterabend sieht er Jana wieder. Sie erscheint in Schwarz, tief dekolletiert, ihr Gesicht ist grell geschminkt. Sie gibt Axel die Hand, lächelt spöttisch, küßt dann Jo.

Mit Mordgedanken geht Axel in sein Zimmer, wirft sich aufs Bett, weint vor Enttäuschung. Er würde Jana und Jo am liebsten erschießen. Daran, daß er die Männer aus Emils Kneipe beauftragt hatte, ihm einen Revolver zu besorgen, denkt er nicht. Er steht auf, kämmt sich, schminkt sich sehr sorgfältig, weiß, daß er die ganze Nacht über nur auf Jana und Jo achten wird, die gemeinsam hinter dem Tresen stehen werden.

Er will nicht trübsinnig herumsitzen, will ausgelassen sein, sprühen vor Witz, Mittelpunkt sein bei den Gesellschaftern und den Gästen. Er beschließt, Kokain zu nehmen, nicht viel, nur eine winzige Prise, der Koks wird ihn lustig machen und redselig und tolerant. Vorsichtig schüttet er den Inhalt eines Briefchens auf einen Rasierspiegel, zerstößt mit der Kante eines Taschenkalenders das weiße Pulver, schiebt gekonnt zwei Linien in das Kokain, saugt es durch einen zusammengerollten Geldschein in die Nasenlöcher. Dann raucht er, geht hinunter in die Bar, in der die ersten Gäste tanzen, und fühlt sich ungeheuer gut drauf.

Lässig winkt er Jana zu, tanzt mit Oma, küßt ihn. Setzt sich auf einen Barhocker, trinkt ein Glas Sekt in einem Zug aus, lacht, weil er alles lächerlich findet, Janas kleine Brüste, ihren roten Mund, Omas Ohrring, Jos bunte Krawatte.

Er tanzt den ganzen Abend hindurch, und als die Glokken der Stadt das Jahr 1990 einläuten, springt er hinter den Tresen, reißt Jo von Jana los, küßt ihn, hält ihn fest umklammert. Beide stürzen zu Boden, die Gäste applaudieren, lachen, Jana verläßt verärgert den Raum. Die ausgelassene Feier geht weiter, Axel spürt, wie die Wirkung des Kokains nachläßt, der Kopf tut ihm weh, er fühlt sich schlaff und müde. Doch er will nicht müde sein, will die ganze Nacht hindurch tanzen, trinken, Jo küssen. Er läuft in sein Zimmer, öffnet mit zitternden Händen ein neues Briefchen, saugt gierig das weiße Pulver ein.

Mit Freude sieht er, daß Jana das Haus verläßt, in ihr Auto steigt, davonfährt. In der Bar steht Jo mit ärgerlichem Gesicht. Du Idiot, sagt er zu Axel, du blöder Stricher! Axel begreift Jos Wandlung nicht, der Alkohol und das Kokain lassen ihn nicht mehr klar denken. Eine Stunde später bringt Oma ihn in sein Zimmer, er legt ihn angezogen aufs Bett, deckt ihn zu. Axels Gesicht ist auffallend weiß, sein Atem geht flach, aus seinen Mundwinkeln rinnt dünner Speichel.

Am ersten Sonntag im neuen Jahr trifft Axel wieder den Pockennarbigen im „Goldenen Drachen". Er bezahlt die fünftausend Mark, kauft neue Drogen für dreitausend Mark, Kokain, Haschisch, Heroin. Pro Tag raucht er ein bis zwei selbstgedrehte Zigaretten, in die er Heroin mischt, zwischendurch Hasch, Kokain schnupft er nicht täglich. Seine Abmachung mit sich, Drogen nicht mehr zu nehmen, ist vergessen, süchtig zu werden, fürchtet er nicht, er glaubt noch immer, jederzeit aufhören zu können – jederzeit!

Kaum eine Stunde des Tages ist er nicht von Drogen beeinflußt, er lernt es, sich in der Gewalt zu haben, nur Jo erkennt seinen wahren Zustand.

Axel ist bald, wie der clevere Jo es vorausgesagt hat, Liebling vieler prominenter Schwuler, Sadisten und Masochisten. Zwei Freier pro Nacht sind die Regel, damit ist sein Verdienst von eintausend bis eintausendfünfhundert Mark immer gesichert. In exklusiven Boutiquen läßt er sich einkleiden, seine Hemden, Anzüge, Schuhe sind vom Feinsten. Nach wie vor liebt er es, seinen bequemen Kaftan zu tragen, er macht ihn exotisch.

Freie Tage erbittet er sich selten, einen freien Nachmittag, den nimmt er öfter, doch am Abend ist er wieder im Bordell. Er lebt nach einem fast minutiösen Tages- und Nachtrhythmus. Um vierzehn Uhr steht er auf, trinkt Kaffee, raucht einen Joint, fährt mit einem Taxi in eines der Nobelrestaurants. Ab sechzehn Uhr ist er in der Bar, sein Dienst endet um vier Uhr früh. Fast jeden Tag fährt er danach noch in eine Schwulenkneipe, besucht eine der Travestieveranstaltungen. Manchmal lädt er einen Schwulen zu sich ein. Doch das geschieht selten. Jo hat es verboten.

Es ist Mitte Januar, als Axel wieder einmal in Emils Kneipe geht. Emil ist ungehalten. Die Männer haben dir den Ballermann besorgt, sagt er ärgerlich, die wollen Knete sehen. Axel versteht nicht. Emil erinnert ihn. Verwirrt geht Axel ins Bordell zurück. Noch nie hat er eine Pistole in der Hand gehabt, der Gedanke, durch eine Fingerbewegung über Tod und Leben zu entscheiden, reizt ihn, läßt in ihm den Wunsch aufkommen, die Waffe doch zu kaufen.

Am nächsten Vormittag fährt er zu dem von Emil angegebenen Ort, geht in einen Trödlerladen: Ich bin Axel, ich soll etwas abholen.

Der Verkäufer fragt nicht, reicht ein Päckchen über den Tisch: Macht vierhundertfünfzig – ich weiß von nichts.

Axel zahlt, nimmt hastig das Päckchen, fährt ins Bordell zurück. Er ist so aufgeregt, daß er auf das Mittagessen verzichtet, in seinem Zimmer wickelt er die Pistole aus, sie liegt glatt und kalt und schwer in seiner heißen Hand. Das Magazin ist voll, er macht Zielübungen, hätte große Lust, ein paar Kugeln abzufeuern. Schließlich versteckt er die Waffe unter der Matratze, schnüffelt Kokain, geht in die Bar. Jo flirtet mit einem der Gesellschafter, Axel registriert es wütend, denkt daran, daß er Jo sofort töten könnte, wenn er es nur wollte. Diesen Gedanken findet er spaßig, lacht laut los, geht zu Jo, küßt ihn, wie in der Sylvesternacht.

Die Gesichter der Gesellschafter sind teils verblüfft, teils schadenfroh. Ein Donnerwetter liegt in der Luft, jeder spürt es, doch ein Freier kommt, die Stimmung schlägt um. Wir sprechen uns noch, sagt Jo drohend und geht in sein Büro.

In dieser Nacht kommt ein neuer Freier zu Axel, ein kleiner Mann mit Glatze und Goldzähnen. Er will ans Kreuz, geschlagen werden, gedemütigt, bietet Axel fünfhundert Mark extra, wenn der auf ihn uriniert. Axel zögert nicht, erfüllt dem Mann seine Wünsche.

Nach zwei Stunden sitzen sie in der Bar, trinken Sekt, der Glatzköpfige ist sichtlich zufrieden, küßt Axel, bittet darum, von ihm Tiger genannt zu werden. Ein Tiger ist der Kleine gewiß nicht, denkt Axel belustigt, doch er nennt ihn mein starker Tiger, lacht, küßt ihn.

Nach zwei Stunden hat der Tiger erneut Wünsche. Er gibt Axel eintausend Mark, sie gehen ins Lederstudio zurück. Der Tiger zieht sich ein mitgebrachtes Tigerfell über den nackten Leib, bindet den albern lachenden Axel an das Kreuz, dann tanzt er um ihn herum, imitiert einen Tiger, beißt Axel in die Schenkel und ins Gesäß.

Die Bisse werden schmerzhafter, Axel ist längst das Lachen vergangen, der Tiger knurrt laut und aggressiv, Speichel läuft aus seinem Mund. Axel löst sich aus den Ketten, schlägt nach dem beißenden Mann, der bringt ihn zu Fall, stürzt sich über ihn. Axel wehrt ihn ab, tritt mit den Füßen nach ihm, der Tiger fällt rücklings gegen den Heizkörper. Es ist gut, sagt er, nach Atem ringend, du bist absolute Klasse, Junge! Sie duschen gemeinsam, der Tiger bittet darum, von Axel geliebt zu werden, dann gehen sie in die Bar zurück, erschöpft, zufrieden. Axel ist der Beste, ruft der Tiger in die Runde, hebt Axels Hand in die Höhe, wie ein Ringrichter nach dem Kampf. Ich komme wieder, flüstert er noch, wenn du mich brauchst, bin ich immer für dich da. Axel sieht wie er in einen Porsche steigt, davonfährt.

Müde, schlaff und energielos läuft Axel in sein Zimmer, schnüffelt Kokain, geht in die Bar zurück. Ein neuer Freier wartet, ein alter Mann, der einen Tausender zahlt und mit einem schwarzen Dildo befriedigt werden will.

Axel ekelt sich vor der schlaffen Haut des Alten, seinem strengen Körpergeruch. Er erbricht sich über dessen Leib, der Freier stöhnt befriedigt auf, zieht sich an, ohne sich zu duschen.

Nach Jos Ruf „Feierabend" hat Axel nur noch den Wunsch zu schlafen. Sein Kopf schmerzt, ihm ist übel, er weiß, daß er zuviel Drogen genommen hat. Als er sich auszieht, kommt Jo ins Zimmer. Du warst Klasse beim Tiger, sagt er mit weicher Stimme, greift nach Axel. Der weicht zurück, ihm ist nicht nach Liebe zumute, auch nicht nach Jos Liebe. Sein Widerstand reizt Jo. Er umklammert Axel, will ihn aufs Bett zwingen. Axel stößt in zurück, ruft: Hau ab, such dir einen anderen Arsch! Jo schlägt ihm ins Gesicht, Axel greift unter die Matratze, fühlt die kalte Waffe in seiner Hand, richtet sie gegen Jo, drückt dreimal ab, erschrickt von den lauten Knallen, sieht Jos schreckgeweitete Augen und seine abwehrenden Bewegungen. Dann wirft er die Pistole aufs Bett, stützt den taumelnden Jo, der seine rechte Hand gegen den linken Oberarm preßt. Du blödes Schwein, stößt der hervor, taumelt aus dem Zimmer. Axel schlägt schluchzend die Hände vors Gesicht, wirft sich auf das Bett, ist in Sekundenschnelle eingeschlafen.

Am nächsten Vormittag erwacht Axel mit starken Kopfschmerzen. Sie lähmen seine Gedanken, er hat Mühe, die Vorgänge in der Nacht zu rekonstruieren. Er will zu Jo, ihn um Verzeihung bitten, doch er hat Angst davor. Seltsamerweise denkt er keinen Augenblick, daß Jo die Polizei einschalten könnte, die ihn wegen illegalen Waffenbesitzes und Körperverletzung verhaften würde. Er schnupft eine Prise Kokain, wäscht, kämmt und schminkt sich, fühlt, wie der Druck im Kopf nachläßt, die Schmerzen vergehen.

Im Korridor trifft er Oma. Als Axel ihn nach Schüssen in der Nacht befragt, schüttelt der nur verwundert den Kopf. Jo ist tatsächlich in seinem Zimmer. Er trägt einen weinroten Seidenanzug. Seine Verletzung am Arm ist ihm nicht anzumerken.

Ich war zu, sagt Axel demütig, Jo, bitte entschuldige! Hau ab, sagt der scharf.

Axel geht, erleichtert, daß er es hinter sich hat.

Künftig ist ihr Verhältnis sehr distanziert, beide gehen sich aus dem Weg, reden nur das Notwendigste miteinander. Axel schließt sich enger an Oma an, einige Male gehen sie ins Kino, in Emils Kneipe.

Sein Ruf als „besonderer" Gesellschafter verbreitet sich in Hamburg in Windeseile. Er nimmt zusätzlich Hausbesuche an, sein Freierkreis im Bordell erweitert sich. Kaum eine Nacht, in der er nicht eintausendfünfhundert Mark und mehr Reingewinn hat. Einige Freier verehren in aufrichtig, machen ihm teure Geschenke. Er ist in den Nobelrestaurants genauso bekannt wie in den Schwulenkneipen. In den Travestieveranstaltungen ist er ein gern gesehener Gast. Es gefällt ihm, sich wie eine Frau zu kleiden, sich wie eine Frau zu benehmen.

Immer öfter geht er am frühen Morgen nach Arbeitsschluß aus, als Frau verkleidet. Mit Vorliebe trägt er einen Kaftan, hohe Hackenschuhe, das hüftlange Haar offen, das Gesicht stark geschminkt. Er findet es gut, das Gesicht weiß zu schminken, die Augenlider schwarz, die Lippen blutrot. Stundenlang steht er vor dem Spiegel, schneidet Grimassen, übt Bewegungen und Bewegungsabläufe. Die Profis in der Travestieshow finden ihn okay, erwägen, ihn in ihr Programm aufzunehmen, tun es aber nicht, weil sie wissen, daß Axel Drogen nimmt, täglich und in großen Mengen.

Jeden Sonntag trifft er sich mit dem Pockennarbigen, seine täglichen Ausgaben für vorzugsweise harte Drogen betragen bis zu neunhundert Mark. Er steht jetzt jede Minute des Tages unter Stoff, ans Aufhören denkt er nicht mehr.

Da trifft er eines Morgens Nina wieder, die Babyhure vom Hansaplatz. Er sieht sie vom Taxi aus, erkennt sie sofort, lädt sie ein. Sie gehen in ein Nobelrestaurant. Der Empfangschef runzelt ärgerlich die Brauen, als er Nina sieht. Sie paßt nicht in die vornehme Umgebung in Minirock und langen Lederstiefeln und mit billiger Tünche im Gesicht. In Axels Begleitung akzeptiert er sie, plaziert sie an einem versteckten Tisch.

Nina ist voller Bewunderung für Axel, sie trinken Sekt, dann erzählt sie weinend, daß ihre Freundin Lisa vor einer Woche wegen einer Geschlechtskrankheit ihre Tätigkeit aufgeben mußte. Er hat „ohne Kondom" verlangt, sagt sie zornig, und Lisa, die dumme Kuh, hat's gemacht.

Axel zahlt und sie fahren in Ninas Wohnung, ein kleines Zimmerchen in einer der engen Hafenstraßen. Ein großes Bett mit einem Teddy obendrauf, ein Schrank, zwei Sessel vor einem Tisch, Ninas Zuhause. Sie trinken schweigend Kaffee, und Axel weiß, daß er gerne mit Nina im Bett liegen würde, ihre warme Haut spüren, ihr durch das Haar streichen und sie an sich drücken. Er sagt es ihr, Nina will es auch, sie wäscht sich die Schminke aus dem Gesicht, dann schlüpfen sie in das kalte Bett, umarmen sich, spüren die beruhigende Wärme des anderen und schlafen rasch ein.

Als Axel in der Mittagsstunde geht, legt er verlegen fünfhundert Mark auf den Tisch. Er sieht Ninas feuchte Augen, schämt sich, geht rasch, ohne sich umzusehen.

In seinem Zimmer trinkt er Kaffee, raucht einige Zigaretten hintereinander, stellt verwundert fest, welch nachhaltigen Eindruck das Treffen mit Nina bei ihm hinterlassen hat. Er fühlt sich frei in seinen Gedanken, die auch plötzlich um seine Mutter kreisen. Dann steht er auf, verschließt die Blechschachtel mit den Drogen im Schrank und nimmt sich fest vor, von Stund an keine Drogen mehr zu nehmen. Es ist Dienstag, fünfzehn Uhr!

Der Nachmittag verläuft völlig normal. Ein Stammkunde, der ans Kreuz will, ohne geschlagen zu werden, ein dunkelhäutiger Afrikaner, der sich an der Bar betrinkt und von Axel getröstet werden will.

Gegen Mitternacht verspürt Axel leichte Kopfschmerzen, die rasch stärker werden, vom Magen her steigt Übelkeit in ihm auf. Er ist blaß im Gesicht, seine Pulsfrequenz ist gestiegen. Um Mitternacht erscheint der Lord. Er ist ohne Leibwächter, hat wenig Zeit. Kreuz und Peitsche, sagt er kurz. Axel fesselt ihn, schlägt ihn, legt seine ganze Kraft in die Schläge. Du bist nicht bei der Sache, sagt der Lord, siehst krank aus, my boy.

Um vier Uhr fährt Axel mit dem Taxi in sein Stammlokal. Das „Hallo" der Gäste bei seinem Eintritt stört ihn, sonst hat er es gemocht. Die laute Musik stört ihn, im Essen stochert er lustlos herum. Auf der Toilette erbricht er sich, dann fährt er ins Bordell zurück. Er fühlt sich matt, friert, legt sich ins Bett, schläft sofort ein.

Noch einen Tag hält er es ohne Drogen aus, dann schnüffelt er Kokain. Und sofort steigt seine Vitalität, die Kopfschmerzen verschwinden, die Übelkeit läßt nach. Er bedient den Lord und den Tiger zu ihrer vollen Zufriedenheit. Prominente Freier aus Kultur und Politik finden den Weg zu ihm, Jo sorgt für absolute Geheimhaltung. Axel ist im Bordell so etwas wie ein King, alle Gesellschafter akzeptieren ihn, nehmen widerspruchslos hin, was er sagt, tut. Er selbst ist von sich sehr überzeugt, zeigt Züge des Hochmuts, wenn er die anderen Gesellschafter als untauglich bezeichnet.

Die Tage und Nächte vergehen zwischen Bordell, kurzen Vergnügungen in Stammkneipen und Schlaf. Er macht den Pockennarbigen zu einem wohlhabenden Mann, seine Ersparnisse sind gemessen an seinen Einkünften gering. Sein Drogenkonsum ist mit seinen Leistungen gewachsen. Zwei Heroin-Zigaretten am Tag, dazwischen Hasch und gelegentlich Kokain. Die Drogen machen ihn leistungsfähig, auch witzig und charmant. Man sucht seine Gesellschaft, ob er in Kneipen ist, den Nobelrestaurants oder im Bordell.

Jo weiß von Axels Drogenverbrauch, er sagt nichts dazu. Axel ist sein Paradepferd, lockt scharenweise die Freier an und bringt damit Geld in die Kasse.

Mit einigen Kunden verbindet Axel ein seltsames Verhältnis. Es ist nicht nur Freundschaft. Er ist ihnen geduldiger Zuhörer, wenn sie ihre Sorgen erzählen, ihnen Ratgeber, Tröster, Geliebter. Was er hört behält er für sich, seine Freier wissen es wohl.

Ende Februar spürt Axel mit aller Deutlichkeit seine Drogenabhängigkeit. Haschisch hat bei normaler Dosierung kaum noch Wirkung. Sein Tagesverbrauch Heroin beträgt bis zu drei Gramm. Ist er länger als sechs Stunden ohne harte Drogen, überfallen ihn immer häufiger migräneartige Kopfschmerzen. Körperliche Belastungen lösen Kurzatmigkeit aus, die sich bis zur Erstickungsangst steigert. Besonders nach langem Schlaf fühlt er sich matt und energielos. Im Spiegel sieht er sein Gesicht rotfleckig und geschwollen. Und obwohl er von seiner Abhängigkeit weiß, ändert er sein Verhalten nicht, nimmt den Stoff weiterhin, bekämpft seine körperlichen Beschwerden mit erhöhten Dosen Heroin und Kokain.

Eines Tages kommt es zwischen Jo und Oma zu einem Streit. Pack deine Sachen, schreit Jo durchs Haus. Verschwinde, du Versager! Oma packt seine wenigen Habseligkeiten, verabschiedet sich wortlos und mit Tränen in den Augen von Axel, geht. Es ist ein Regentag, Axel blickt dem kleinen Türken nach, der mit eingezogenem Kopf in der grauen Dämmerung verschwindet.

Der Abschied tut ihm weh, Oma wird ihm fehlen, weiß er, jetzt hat er keinen Freund mehr im Haus. Dieser Gedanke zieht andere nach sich, plötzlich ist es ihm nicht mehr so wichtig, viele Freier zu haben, viel Geld zu verdienen, die Gesundheit ist ihm plötzlich wichtig. Er stellt sich vor, jeden Tag für siebenhundert bis neunhundert Mark Drogen zu verbrauchen und irgendwo nur einen Job mit eintausend Mark Monatsverdienst zu haben. Dann würde er als Fünfzigmarkstricher irgendwo am Bahnhof landen, Schulden machen, vor den Dealern flüchten müssen.

An einem Vormittag geht er in eine Drogenberatung. Ein schmutziges graues Haus.

Eine ältere bebrillte Frau hinter dem Schreibtisch.

Ich bin drogenabhängig, sagt Axel, ich rauche Heroin, schnüffele Kokain, ich suche einen Therapieplatz, ich möchte nicht mehr abhängig sein. Er steht vor dem Schreibtisch, und es fällt ihm schwer, das zu sagen. Tagelang hat er mit dem Gedanken gekämpft, sich vorgestellt, in einer Therapieeinrichtung zu leben, mit kaputten Fixern und Aidskranken.

Die bebrillte Frau sieht ihn erstaunt an, mustert ihn von Kopf bis Fuß, lacht, schüttelt den Kopf, sagt: Sehen Sie sich im Spiegel an, junger Mann, so wie Sie sieht kein Abhängiger aus. Für einen Therapieplatz sehen Sie einfach noch nicht runtergekommen genug aus!

Axel geht, verwirrt, doch froh, daß er in keine Einrichtung muß, setzt sich in ein Café. Er trinkt Wodka, raucht, und als er geht, ist ihm wieder egal, was aus ihm wird. Er wird weitermachen, weiß er, bis wann, weiß er nicht. Vor dem Tod hat er keine Angst, und da er nicht reich werden wird, bleibt ihm schließlich nur der Tod übrig, so hatte er es ja mit sich ausgemacht. Er ist einig mit sich, die Klarheit stimmt ihn heiter, in seinem Zimmer schnüffelt er Kokain und fühlt sich nur Minuten später unglaublich wohl.

An einem Wochentag läßt er sich einen freien Tag geben, fährt kreuz und quer durch die Stadt, dann geht er zu Fuß. Er findet, daß die Luft salzig schmeckt. Die Sonne scheint schon warm vom Himmel. Axel sieht die Schiffe im Hafen sich auf den Wellen wiegen und verspürt plötzlich eine unbändige Lust, an Bord zu gehen, zu sagen: Nehmen Sie mich bitte bis nach Amerika mit oder nach Thailand. Ob man Thailand per Schiff erreichen kann, weiß er nicht so genau, Erdkunde war nie sein Lieblingsfach. Er setzt sich auf eine Bank, schließt die Augen, hört das heisere Getute der Schleppdampfer, das Kreischen der Möwen, das Getucker der Barkassen. Er stellt sich die Elbe vor, mit ihren Buhnen, auf denen er stundenlang mit Freunden saß, angelte, immer auf der Hut vor der Flußpolizei.

Als eine Wolke die Sonne verdeckt, geht er, kommt an einer kleinen Kirche vorbei, aus deren geöffneter Tür Orgelmusik dringt. Neugierig und zögernd geht er hinein, es ist dunkel im Inneren, einige alte Leute knien in den Bänken, nehmen keine Notiz von ihm. Er setzt sich auf einen Stuhl unter der geschnitzten Holzkanzel, blickt sich um, er kann sich nicht erinnern, in den letzten Jahren in einer Kirche gewesen zu sein. Getauft ist er nicht, konfirmiert auch nicht, die Jugendweihe hat er bekommen im Staat der Arbeiter und Bauern. Sein Blick fällt auf den gekreuzigten Christus, da muß er an das Kreuz im Lederstudio denken, auch dort hängen die Freier am Kreuz, doch sie wollen es freiwillig, und sie bluten dabei nicht an Händen und Füßen. Etwas wie Scham steigt in ihm auf. Beten möchte er, doch er kann es nicht, hat es nicht gelernt. Er geht zögernd vor den Altar, brennt eine Kerze an, verlegen, geht mit leisen Schritten.

In dieser Nacht schlägt er den Tiger nur widerwillig, bei jedem Hieb hat er das Bild des Gekreuzigten in der Kirche vor Augen. Der Spaziergang hat Axel verändert. Er hat die Freiheit erlebt, die er so liebt, den Unterschied gespürt zwischen dem Leben im Bordell und dem draußen in der Stadt, und zum ersten Mal denkt er ernsthaft daran, das Bordell zu verlassen.

Dieser Gedanke verstärkt sich, und am 15. März packt er seine Reisetasche und, ohne sich von jemandem zu verabschieden, verläßt er das Bordell. In einem Lederbeutel, den er um seinen Hals trägt, hat er fünfzehntausend Mark. Er fühlt sich unsagbar frei, so, wie er sich bei seiner Ankunft in dieser Stadt gefühlt hat. Tun und lassen, was er will, daran denkt er auf dem Weg in seine Stammkneipe, nicht an die strengen Regeln des Bordelllebens gebunden sein.

Mit „Hallo" wird er in der Kneipe begrüßt. Er raucht, trinkt, erzählt. Es ist besser so, sagen die einen, mit dem Geld kommst du erstmal ein Stückchen weiter, die anderen. Axel spendiert, freut sich, nicht mehr ins Lederstudio zu müssen. Nachts fährt er zum Hansaplatz. Dort trifft er, wie erwartet, Nina. Sie steht im Schutz einer Mauer da, frierend, nach Kunden Ausschau haltend. Axel zieht sie ins warme Taxi, dann fahren sie in ihre Wohnung.

Ich zahle für die ganze Nacht, sagt Axel, drückt ihr einen Fünfhundertmarkschein in die Hand.

In Ninas Zimmer trinken sie Kaffee, rauchen, Nina zeigt Axel Brust und Schenkel, die voller blauer Flecke sind. Ein Saufschwein, sagt sie, es war ein verdammtes Saufschwein, das nicht bezahlen wollte. Als ich dem Kerl die Tür gezeigt habe, wollte er mich mit Gewalt. Dann liegen sie aneinandergeschmiegt im Bett, hören das hastige Ticken des Weckers auf dem Nachttisch und ab und zu das Gegröle betrunkener Männer.

Ich wollte einmal Schauspielerin werden, erzählt Nina leise, eine ganz berühmte wollte ich werden. Mindestens so wie die Palmer oder die Pulver. Dann bekam ich das Kind, alles war aus. Es ist ein Mongo, verstehst du? Ein Junge! Vier! Er ist bei meinen Eltern. Sie leben weit weg von hier. Ihre Tochter Nina ist Verkäuferin in einem Supermarkt – glauben die. Mensch, ist das eine Scheiße!

Sie weint, Axel läßt sie weinen, drückt sie fest an sich. Sonnenschein weckt sie am nächsten Morgen. Nach dem Frühstück schnüffelt Axel Kokain auf dem übelriechenden Etagenklosett, dann gehen sie Hand in Hand zum Hafen. Laufen, lachen, puhlen Krabben, stecken sie sich gegenseitig in den Mund. Mit einer Barkasse fahren sie durch das Hafenbecken, füttern die kreischenden Möwen, wischen sich die Gischtspritzer aus den Haaren.

Nimm dein Geld und geh nach Hause, sagt Nina, in ein paar Tagen hast du alles ausgegeben, dann stehst du wie ich auf der Straße. Axel lacht nur, er weiß, daß Nina recht hat, doch mit den paar Tausendern will er nicht nach Hause. Als die Sonne am Nachmittag hinter den Wolken verschwindet, grauer Nebel sich über die Stadt legt, verabschiedet Axel sich von Nina. Die weint, blickt Axel nach, der im Gewirr der Gassen verschwindet und nicht mehr zurücksieht.

Herumirrend trifft Axel Oma wieder, der mit einigen Männern an einem Tisch sitzt. Als er Axel sieht, springt er auf, umarmt ihn, stellt die Männer vor. Das ist Ephraim, sagt er, die anderen Herren haben keine Namen. Er lacht.

Ephraim blickt prüfend auf Axel. Du bist aus der Zone, fragt er.

Axel nickt unwillig, er hat es nicht gern, wenn man die DDR „Zone" nennt, das wertet einen gleich mit ab. Ich komme aus der DDR, sagt er ein wenig trotzig.

Und ich habe die Gaskammern des dritten Reiches überlebt, sagt Ephraim fast spöttisch. Wenn du ein Quartier suchst, ich gebe dir eins!

Axel ist froh, ein Quartier zu haben, auch wenn ihm der Mann mit dem spärlichen Bart nicht gefällt.

Gegen Mitternacht brechen sie auf. Oma ist dabei. Mit Ephraims Auto fahren sie bis an den Rand der Stadt, dort hat der Jude ein Haus. Es ist groß, grau, und Axel findet, daß es zu Ephraim paßt. Er bewohnt mit Oma eine kleine Kammer, ebenerdig und nach Baukalk riechend. Was soll's, sagt Oma, das Bett ist nicht schlecht, und zu essen kriegen wir auch.

Zum Frühstück am nächsten Morgen versammeln sich ein Dutzend junge Männer in einem der oberen Räume.

Auf den ersten Blick sieht Axel, daß es Stricher sind, ganz gewöhnliche Stricher. Er erfährt, daß Ephraims Stricherfrühstück in der ganzen Stadt bekannt ist. Jeden Morgen treffen sie sich zu einer Mahlzeit. Ephraim spendiert Semmeln, Butter und Kaffee. Axel fühlt sich nicht wohl in der Gesellschaft, er selbst wird spöttisch gemustert, die meisten kennen ihn, den Super-Axel aus Jos Bordell. Sie wissen, daß er nun auch auf Ephraims Hilfe angewiesen ist. Ephraim selbst hat es ihnen gesagt und auch, daß Axel aus der Zone stammt. Axel trinkt rasch seinen Kaffee aus und geht, froh, die Gesichter der Stricher nicht mehr sehen zu müssen.

So läuft es die nächsten vierzehn Tage ab. Die meisten Nächte verbringt er in Ephraims Haus, selten schläft er bei einem Freier, das Frühstück nimmt er mit den anderen, er tut es wegen Ephraim. Tagsüber streift er durch die Stadt, den Hansaplatz meidet er, er möchte Nina nicht begegnen, die er sehr mag. Die Abende verbringt er in Kneipen, rauchend, trinkend, erzählend.

Er lernt Jean-Marie kennen, den lustigen Franzosen, der Koch in einem Restaurant ist. Sie mögen sich vom ersten Augenblick an, der achtzehnjährige Axel und der um zwanzig Jahre ältere Jean-Marie. Sie treffen sich, so oft es geht, in ihrer Stammkneipe und reden über Gott und die Welt.

Seinen Drogenkonsum hat Axel nicht eingeschränkt, nach wie vor geht er sonntags in den „Goldenen Drachen", kauft Heroin, Kokain, Haschisch. Oma geht seine eigenen Wege, selten ist er mit Axel zusammen.

Anfang April ist Oma verschwunden, ohne einen Gruß, ohne jemanden von seinem Fortgang unterrichtet zu haben. Omas Bett wird von einem neuen Stricher besetzt, einem strohblonden, nach Schweiß riechenden zwanzigjährigen Burschen. Der schafft am Bahnhof an, kommt früh einige Male betrunken ins Haus, stört Axel im Schlaf oder bedrängt ihn.

Als Jean-Marie eines Abends sagt: Zieh doch einfach zu mir, packt Axel seine Sachen, verabschiedet sich kühl von Ephraim und ist froh, die schadenfrohen Gesichter der gewöhnlichen Stricher nicht mehr sehen zu müssen.

Jean-Marie bewohnt zwei kleine Zimmer mit Küche und Bad, es ist nicht luxuriös bei ihm, doch behaglich. Für Axel bricht eine schöne Zeit an. Sie lachen viel, machen sich das Leben so bequem, wie es nur geht, liegen stundenlang wach in den Betten, essen pfundweise Pralinen, und Jean-Marie pflegt regelmäßig zu sagen: Einmal sterben wir an Herzverfettung!

Axel holt seinen Freund von der Arbeit ab, sie gehen gemeinsam einkaufen, schlendern stundenlang durch Kaufhäuser und über Boulevards, machen sich über die Passanten lustig oder über sich selbst. Axel sieht in Jean-Marie einen väterlichen Freund, ihre häusliche Harmonie erinnert ihn an zu Hause. Er verschweigt Jean-Marie, daß er drogenabhängig ist und raucht weiter harte Drogen, doch der lustige Franzose merkt es nicht. Wenn Jean-Marie im Restaurant ist, sieht Axel oft Videos und immer wieder den Film „Sissi", der ihn zu Tränen rührt, ihn an seine Mutter denken läßt.

Inzwischen ist er drei Wochen von Jos Bordell weg und sein Geld geht zur Neige. Da ruft er den Tiger an, den Lord, den bärtigen Guy und andere seiner ehemaligen Stammfreier. Er bietet ihnen seine Hausbesuche an, sie nehmen an, froh, ihren „Lieblingsgesellschafter" wiederzuhaben. Problematisch ist es für einige Freier, einen geeigneten Ort für die Treffen mit Axel zu finden. Im eigenen Haus geht es nur bei Guy, dem Bärtigen, der jetzt allein lebt und nur von einer alten Haushälterin betreut wird. Mit dem Lord, dem Tiger und einigen anderen trifft er sich in Hotels, in der Stadt, auch in kleineren Orten außerhalb. Das Geld verbraucht er mit Jean-Marie, der nicht nach dessen Herkunft fragt, auch nicht wissen will, was Axel tagsüber treibt. Gemeinsam träumen sie von großen Reisen, und da die finanziell nicht realisierbar sind, unternehmen sie kleine. Fahren nach München, trinken einige Maß im Hofbräuhaus, bestaunen das Rathaus und die Frauenkirche, mieten sich in einer kleinen Pension ein.

Axel wäre am Abend gern durch die Stadt gebummelt, hätte sich Freier gesucht, neue Schwule kennengelernt. Wegen Jean-Marie bleibt er in der Pension, ißt mit ihm ein Pfund Pralinen und wenn dieser schläft, raucht er hastig auf der Toilette eine Heroin-Zigarette.

Nach Dänemark fahren sie, eine Tagesreise nur, doch für Axel wichtig. Die Reisen geben ihm Auftrieb, sein Glück wieder in einer anderen Stadt zu versuchen.

Die Behaglichkeit in Jean-Maries Zuhause, das harmonische, problemlose Zusammensein mit ihm, wecken in Axel Gefallen am normalen Leben. Er findet es gut, mit Jean-Marie die Mahlzeiten einzunehmen, ihn am Abend von der Arbeit abzuholen, mit ihm einkaufen zu gehen und am Abend mit ihm im Bett liegend fernzusehen. Jean-Marie ist für ihn wichtig geworden, eine Art Ersatzvater. Gern paßt er sich Jean-Maries Meinungen an, kauft Blumen, stellt sie in eine Vase und freut sich über die anerkennenden Worte seines Freundes. Freunde sind sie, mehr nicht, körperliche Beziehungen haben sie nicht, wollen sie nicht, und beide wissen, daß ihre Beziehungen deswegen unkompliziert bleiben. Nach wie vor weiß Jean-Marie nichts von Axels Hausbesuchen, die der meistens dann durchführt, wenn er im Dienst ist.

An einem Sonntag trifft Axel den Pockennarbigen im „Goldenen Drachen" nicht an. Er fragt den Wirt, der sieht ihn mit unbewegtem Gesicht an, sagt: Ich kenne den Mann nicht!

Da weiß Axel, daß dem Pockennarbigen etwas zugestoßen sein muß, er verläßt eilig die Kneipe, blickt sich unruhig um, als befürchte er, verfolgt zu werden.

Der Schreck sitzt so tief in ihm, daß er erst am nächsten Tag wieder eine Heroin-Zigarette raucht, als Jean-Marie zur Arbeit gegangen ist. Es ist sein letztes Heroin, er braucht dringend Nachschub, der Gedanke, längere Zeit ohne harte Drogen auskommen zu müssen, löst in ihm Zwangsvorstellungen aus.

Am Abend holt er Jean-Marie von der Arbeit ab, sagt: Ich muß noch etwas erledigen, geht so rasch davon, daß Jean-Marie ihm verwundert nachblickt.

Axel weiß, daß er am Bahnhof Stoff bekommen wird. Ungefährlich ist es nicht, das weiß er auch, den Zivilfahndern will er nicht in die Hände fallen, um keinen Preis.

Er sieht den blonden Stricher von Ephraim, sagt: Ich suche harten Stoff, hast du eine gute Adresse?

Der Junge tippt sich mit dem Finger an die Stirn, erwidert: Hau ab, du Nazi!

Axel geht weiter, einen Typen suchend, der wie ein Dealer aussieht. Er ist überzeugt, daß er jederzeit Stoff bekommen kann, doch er fürchtet, unreinen zu bekommen oder erhöhte Preise zahlen zu müssen. Er stößt auf eine Gruppe junger Leute, die, eng beieinander stehend, einen Joint kreisen lassen. Komm, Bruder, sagt einer, in unserer Mitte ist noch Platz! Die anderen stimmen zu, nehmen Axel in ihre Mitte, er zieht am Joint, merkt sofort, daß es nur Haschisch ist.

Der Prophet wird kommen, dich zu erleuchten, dich sehend zu machen und wissend. Sei unser Bruder, armer Mensch, bete mit uns um das Heil aller.

Ein Mädchen steht vor ihm, Axel sieht, daß sie unter Drogen steht und hat längst begriffen, daß er in eine Gruppe Werber für irgendeine Sekte geraten ist.

Alles okay, sagt er hastig, drängt sich aus der Gruppe,

verläßt den Bahnhof in Richtung Hansaplatz. Er möchte Nina begegnen, doch er sieht sie nicht, dafür ein Gesicht, dessen Anblick sein Herz höher schlagen läßt: Es ist der Pockennarbige.

Sie haben mich rausgelassen, sagt dieser, drei Tage und Nächte haben sie mich eingelocht.

Sie gehen in eine Kneipe, Axel ist froh, den Mann wiedergefunden zu haben.

Die Bullen haben mich im „Goldenen Drachen" hoppgenommen, sagt er, ich weiß nicht, wie die Wind von mir bekommen haben. Ich hatte nichts dabei, verstehst du! Nicht ein lausiges Gramm. Wollte essen beim Chinesen! Er schüttelt den Kopf, trinkt, greift in die Manteltasche, reicht Axel einen Pack, sagt: Wie immer!

Axel zahlt, geht, weiß sich für die nächsten Tage versorgt. Er hat keine Lust, zu Jean-Marie zu gehen, ihn zieht es in die Travestiekneipe, in der er schon lange nicht mehr war.

Er kommt gerade zurecht, Lilli zu sehen, der seine Schenkel zeigt und mit rauchiger Stimme singt: Sieh mal her, willst du noch mehr . . . Im Nu ist Axel von Freunden umringt, er bestellt Sekt, küßt Lilli, fühlt die Lust in sich aufsteigen, ein Sex-Abenteuer zu erleben. Er möchte nicht zu Jean-Marie gehn, im Bett sitzen und Pralinen essen.

Gegen Mitternacht beschließt er, in seine Schwulen-Stammkneipe zu wechseln. Er spürt, daß er fast betrunken ist, ruft ein Taxi, nennt dem Fahrer eine Straße, der mault, daß die doch gleich um die Ecke sei; tatsächlich hält das Auto vor Ninas Haus. Fahr weiter, sagt Axel verwundert, blickt zu Ninas Fenster hin, die unbeleuchtet sind.

In der Schwulenkneipe trifft er Paul wieder, den Knabenhaften. Sie tanzen miteinander, bekommen Lust, sich zu lieben, gehen in Pauls Wohnung, nur einige Straßen weiter.

Ein Neubau, Pauls Appartement liegt im achten Stock, zwei Zimmer, Bad, Küche, ein großer Balkon nach Süden. Die Möbel sind teuer, auch alles, was auf den Tischen steht, an den Wänden hängt. Axel ist beeindruckt, geht von Raum zu Raum, noch nie hat er eine so luxuriöse Wohnung gesehen.

Paul gießt Sekt ein. Nichts gehört mir, sagt er mit leiser Wehmut. Die Wohnung ist gemietet, fünftausend pro Monat ist für mich zuviel.

Der Mann im Spiegelschrank, errät Axel.

Paul nickt.

Am nächsten Morgen verläßt er Paul. Jean-Marie ist zu Hause, er fragt nicht, ist freundlich wie immer. Sie trinken Kaffee, Axel schweigt, Jean-Marie auch. Beide wissen, daß ihre Beziehung einen Riß bekommen hat.

In der Nacht liegt Axel wach, hört Jean-Marie leise atmen, er muß an seine Mutter denken und daran, daß sie am nächsten Tag, dem ersten Mai, Geburtstag hat. Er stellt sich vor, er würde an ihrem Geburtstag nach Hause kommen. Sein weißes Auto vor dem Haus abstellen, hineingehen, die Mutter drücken, einfach nur drücken, ohne viele Worte, ihr eine Kette aus echten Perlen um den Hals legen ... An den dämlichen und neidvollen Gesichtern der Nachbarn würde er sich weiden, seine Mutter ins Auto einsteigen lassen, irgendwohin fortfahren, vielleicht in das sonnige Italien! Er versucht, sich das Gesicht der Mutter vorzustellen, es gelingt nur schwer.

Am ersten Mai ruft er seine Mutter an. Umsonst! Er wählt die Nummer der Nachbarn. Sie ist ausgegangen, erfährt er. Er ruft in dem genannten Lokal an, sagt dem Kellner, was er will, dann hört er die Stimme seiner Mutter.

Hier ist Axel, sagt er hastig, ich gratuliere dir zu deinem Geburtstag, ich wünsche dir alles Gute! Dann legt er den Hörer auf, ein Weinkrampf schüttelt ihn.

Die nächsten Tage meidet er Jean-Marie, er fürchtet seine fragenden Augen. Ich habe eine Stellung im Krankenhaus, erzählt er ihm, bin Krankenpfleger – ich habe es dir nie erzählt.

Jean-Marie ist erfreut über die Nachricht, ob er Axels faustdicke Lüge, Krankenpfleger zu sein, auch glaubt, erfährt Axel nie. Heimweh, das von Tag zu Tag stärker wird, beherrscht Axels Gedanken. Nach Hause will er nicht, aber doch die Atmosphäre seiner Familie erleben. Onkel Fred und Tante Rita fallen ihm ein, sie wohnen in einem kleinen Ort in der Nähe von Kassel. Er bildet sich ein, Kassel unbedingt sehen zu wollen, erst in zweiter Linie Onkel Fred und Tante Rita.

Die Nacht zum vierten Mai verbringt er mit Guy, dem bärtigen Freier. Der ist wie immer stockbetrunken, weint stundenlang, und als Axel ihn um zehntausend Mark bittet, erfüllt er sofort seine Bitte.

Am nächsten Tag schneidet ein Friseur auf Wunsch, aber bedauernd, Axels lange Haare ab. Am fünften Mai kauft Axel für neuntausend Mark harte Drogen beim Pockennarbigen. Noch am selben Tag verläßt er ohne Abschied von Jean-Marie die Stadt.

Kassel

Den Bahnhof von Kassel beachtet Axel kaum, er hat es eilig, die Stadt zu sehen, in ihr irgend etwas zu suchen, das ihn an Wittenberg erinnert, ein Haus, eine Brunnenfigur, einen Marktplatz. Die Nähe seiner Verwandten läßt seine Sehnsucht nach der Mutter stärker werden, treibt ihm die Tränen in die Augen.

Die Stadt ähnelt Wittenberg, bildet er sich ein, geht durch die Straßen, tief atmend. Auf einer Parkbank läßt er sich von der milden Nachmittagssonne wärmen, raucht einen Joint, betrachtet die Leute, die gemächlich an ihm vorbeipromenieren.

Wieder am Bahnhof geht er in eine Kneipe, trinkt Kaffee, ißt eine Kleinigkeit, stellt fest, daß seine Barschaft nur noch aus wenigen Scheinen besteht. Mit einem Vorortzug fährt er in Richtung S., einen Blumenstrauß im Gepäcknetz, eine Flasche Sekt in der Reisetasche. Er kann sich kaum an Onkel und Tante erinnern, die Mauer hatte einen Besuch in S. unmöglich gemacht. Einmal waren beide in Wittenberg, das war zu seiner Jugendweihe. Im VW Golf kamen sie, bestaunt von der Nachbarschaft.

In S. steigt Axel aus, fragt sich zum Haus des Onkels durch. Es ist ein Einfamilienhaus, weiß mit braunen Fenstern und Edeltannen im Vorgarten. Axel läutet, hört einen Hund bellen, dann sieht er Tante und Onkel in der

Tür stehen. Sie drücken ihn, heißen ihn willkommen, auch der Hund springt freudig an ihm hoch.

Axel sieht sich um, findet das Haus behaglich, ißt und stellt sich den Fragen.

Ich bin auf der Reise nach München, sagt er, ich wollte München schon immer mal sehen. Jetzt ist es möglich, da mache ich es eben.

Dann wird er nach Einzelheiten zur Wende gefragt. Wie war das bei euch in Wittenberg, gibt es wieder Privatgeschäfte, sind die Bonzen noch in ihren Stellungen?

Axel läßt sich Zeit, antwortet ausweichend, sich widersprechend, er weiß es doch selbst nicht. Den Fragen entnimmt er, daß Tante und Onkel nichts davon wissen, daß er die Mutter verlassen hat. Axels Mutter hat in ihrem letzten Brief nichts davon geschrieben, nur, daß Axel ein Schwuler geworden sei und sein eigenes Leben führt.

Jeder muß nach seiner Fasson selig werden, sagt Onkel Fred, die Schwulen und die Nicht-Schwulen. Axel freut sich, auch als Schwuler von ihnen akzeptiert zu werden. Sie trinken Wein, rauchen, Axel berichtet von der friedlichen Revolution in der DDR. Er erfindet Einzelheiten, erweckt damit den Eindruck, besonders engagiert gewesen zu sein. Von seiner abgebrochenen Lehre bei der Reichsbahn erzählt er nichts, es geht so an, sagt er ausweichend.

Und als eine Stunde später im Haus Ruhe herrscht, sitzt Axel in einer kleinen Mansarde auf dem Fensterbrett, raucht seinen Joint und überlegt, ob die Sterne von S. auch in Wittenberg gesehen werden.

Am nächsten Morgen schnupft er Kokain, versteckt seine Pistole unter der Matratze, dann begrüßt er Tante Rita, ist gesprächig, witzig. Die Tante geht auf seinen Ton ein, sie lachen, sind albern, dann sehen sie gemeinsam Fotos an. Axel sieht die Hochzeitsbilder seiner Eltern. Seine Stimmung schlägt um, er kann seine Tränen nicht verbergen. Die Tante gibt sich die Schuld, sagt: Ich hätte sie dir nicht zeigen dürfen, ich wußte nicht, daß du unter der Scheidung deiner Eltern so leidest! Axel nimmt den Hund, läuft stundenlang mit ihm durch die Wiesen, liegt im Gras mit geschlossenen Augen und fliegt mit jeder Wolke zu seiner Mutter nach Wittenberg.

Die Abende gefallen Axel. Bei mildem Wetter sitzen sie in der Veranda, Tante Rita strickt mit leise klappernden Nadeln. Onkel Fred liest pfeiferauchend eine Fachzeitschrift, der Hund liegt zu Axels Füßen. Still ist es, nur gelegentlich ist der Ruf eines Nachtvogels oder ein Motorengeräusch zu vernehmen. Axel vermißt nichts, nicht die Hektik einer Großstadt, nicht das Leben in ihr. Er hat nicht den Wunsch, unter vielen Menschen zu sein, unter Fremden, in Kneipen. Er ist zufrieden, weil es ruhig um ihn ist, und er ist zufrieden, weil er ein Stück Heimat gefunden hat.

Nach vier Tagen stört ihn die Ruhe. Die häusliche Beschaulichkeit sagt ihm nichts mehr, er langweilt sich schrecklich. Tagsüber ist Tante Rita zu Hause, am Abend auch Onkel Fred. An einem Abend geht Axel in die einzige Disco des Städtchens. Die Gäste sind ihm zu jung, die Musik zu laut. Provinzniveau, denkt er geringschätzig und stellt sich vor, welchen Eindruck er hier gemacht hätte, trüge er noch die langen Haare. Einen schwarzen Kaftan hätte er angezogen, sich geschminkt wie ein Grufti. Man hätte ihn angestarrt, als sei er ein Wesen aus einer anderen Welt.

Er trinkt Cola, raucht einen Joint, kann sich nicht entschließen, mit einem der Jugendlichen Kontakt aufzunehmen. Gegen Mitternacht geht er, unzufrieden, spürt, daß die Unruhe und die Sehnsucht nach dem geheimnisvollen Nachtleben einer Großstadt in ihm aufsteigen.

Ich muß weiter, sagt er am nächsten Tag, packt seine

Tasche, nimmt ungeduldig die besten Wünsche für seine weitere Reise entgegen. Er weiß, daß ihm das Fahrgeld nach Kassel fehlt, er hätte die Tante darum bitten können, doch wie hätte er erklären sollen, wovon er weiter nach München fahren wollte. Er beschließt zu trampen, ein Viehtransporter nimmt ihn mit, der Fahrer erzählt ohne Pause Witze.

Axel sieht sich auf dem Bahnhof von Kassel um, weiß nach einigen Minuten, daß es schwer für ihn sein wird, zu Geld und einem Nachtquartier zu kommen. Die Kneipen scheiden aus, er hat kein Geld, etwas zu bestellen, Kontakte zu knüpfen. Er geht in den Park in der Hoffnung, Schwule zu treffen – umsonst. Es wird Abend und es beginnt zu regnen, Axel geht in den Bahnhof zurück. Er nimmt sich vor, die Nacht dort zu verbringen, gern tut er es nicht, er hat Angst vor einer Polizeikontrolle und ihren Fragen nach woher und wohin.

Der Hunger plagt ihn, er raucht einen Joint, der hilft ihm, den Hunger zu vergessen, die Welt zu vergessen, die ohne Geld feindlich ist. Um nicht aufzufallen, verläßt er die Bahnhofshalle für einige Zeit, kehrt durchgefroren wieder zurück. Mit Unbehagen sieht er, wie einige Jugendliche von einigen Polizeibeamten abtransportiert werden.

Die sind voll bis zum Eichstrich, hört er einen Uniformierten sagen. Er verläßt den Bahnhof, findet unter einem Garagendach einen trockenen Platz, schläft in der Hocke.

Am Morgen wäscht er sich in der Bahnhofstoilette, sieht, wie die Putzfrau schimpfend Spritzenbestecks einsammelt. Schweinepack, hört er sie rufen, verdammtes Drogen- und Schweinepack! Axel schnüffelt Kokain, fühlt seine Kräfte steigen, er ist zuversichtlich, zu Geld zu kommen. Langsam geht er durch die Straßen, findet, daß Kassel keine Ähnlichkeit mit Wittenberg hat, alles scheint ihm größer, unpersönlicher, die Häuser, die Plätze, die Straßen.

Am Abend ist er erschöpft. Hunger steigt würgend in ihm auf. Er ist unrasiert, fühlt sich schmutzig. Er beschließt, in der Bahnhofsmission nach einem Schlafplatz, vielleicht auch nach einer kostenlosen warmen Mahlzeit zu fragen. Es ist zwanzig Uhr, vor der Eingangstür stehen einige Dutzend Männer und Frauen. Sie tragen Plastebeutel, einige Flaschen machen die Runde. Als Axel sich nähert, hört er spöttische Bemerkungen. Der feine Herr hat sich wohl verlaufen? Sein Chauffeur holt ihn nachher ab!

Laß sie quatschen, Jungchen, sagt ein bärtiger Alter, die lästern über alles. Axel nickt dankbar, stellt sich neben den Alten. Grüppchenweise werden die Wartenden eingelassen.

Nach einer Stunde ist Axel dran, eine Frau hinter einem kleinen Fenster will seinen Paß. Hab ich nicht, sagt er verwirrt, einen Ausweis habe ich, einen Personalausweis. Her damit, sagt die Frau versöhnt, doch Axel will ihr seinen Ausweis nicht geben, er will nicht, daß seine Personalien irgendwo aufgeschrieben werden. Halte den Verkehr nicht auf, ruft es vom Ende der Warteschlange, da nimmt Axel hastig seine Tasche, geht, voller Scham und Wut.

Die kalte Luft tut ihm gut, er stopft sich mit zitternden Händen einen Joint, fühlt nach dem ersten Zug, wie sein Magen sich hebt, er öffnet weit den Mund, doch er spürt darin nur einen gallebitteren Geschmack. In der Bahnhofstoilette trinkt er kaltes Wasser aus der hohlen Hand, freut sich, daß sein Magen ruhig bleibt.

In dieser Nacht geht er nicht unter das Garagendach schlafen, er fühlt sich zu schlapp, er setzt sich auf eine Treppenstufe, die Tasche zwischen den Beinen, schläft er ein. Er ist einer von vielen, die in den Bahnhofshallen schlafen, vor allem sind es Jugendliche, Mädchen und Jungen.

Am frühen Morgen weckt ihn ein Putzmann. Steh auf, Kamerad, sagt er, Axel sanft schüttelnd. Der steht auf, taumelt, ihm ist speiübel, er hat Gleichgewichtsstörungen. In der Toilette trinkt er kaltes Wasser, kaum eine Minute später setzt heftiger Durchfall ein, der sich einige Male wiederholt. Dann geht er in die Stadt, der lebhafte Verkehr macht ihn unsicher, er überlegt, etwas zu verkaufen, die Pistole vielleicht oder ein Gramm Heroin. Er läßt es, weiß, daß es zu gefährlich wäre.

Am Ufer eines Parkteiches findet er eine Tüte, in ihr in Würfel geschnittenes Altbrot, Entenfutter. Hastig ißt er das trockene Brot, schon nach einigen Minuten bekommt er Leibschmerzen, die ihn in die Büsche zwingen. Er erbricht sich, glaubt, Fieber zu haben, friert, setzt sich auf eine Bank, raucht einen Joint, fühlt die körperlichen Beschwerden nicht mehr. Die Sonnenstrahlen spürt er, spürt sie warm und zärtlich auf seiner Haut, er schließt die Augen, fühlt sich von der Erde losgelöst, sanft durch den blauen Himmel schweben.

Eine Stimme reißt ihn aus seinen Träumen: He Sie, ist Ihnen was? Zwei Polizisten stehen vor Axel. Der erschrickt, schüttelt den Kopf. Alles gut, sagt er, alles gut, ich bin eingeschlafen! Er reckt sich unbefangen, doch mit der Angst, daß sie seinen Ausweis verlangen, ihn mit zur Wache nehmen könnten. Die Uniformierten aber sagen nichts derartiges, nur: Guten Tag noch. Sie gehen davon, die Hände auf dem Rücken verschränkt.

Axel schlendert wieder durch die Stadt, ziellos und hungrig. Den Gedanken, zu Tante und Onkel zurückzufahren, von ihnen Geld für die Rückfahrt nach Wittenberg zu erbitten, schiebt er weit von sich.

Nach Hause will er auf gar keinen Fall! Er hat kein Geld, kein weißes Auto, und er ist drogensüchtig. Zum ersten Mal entsetzt ihn seine Drogenabhängigkeit. Er stellt sich vor, in Wittenberg zu sein, ohne Drogen, ohne Geld, ohne die Möglichkeit, Drogen zu besorgen. Nein, er weiß es jetzt mit aller Deutlichkeit, daß es ein Zurück nach Wittenberg für ihn nicht mehr gibt. Er fühlt sich verloren, als der einsamste Mensch der Welt, als ein Opfer eines ungerechten Schicksals.

Den Nachmittag verbringt er im Bahnhof, er fühlt sich zu schwach, durch die Stadt zu gehen. Jedesmal, wenn er glaubt, einen Schwulen vorübergehen zu sehen, versucht er, Blickkontakt herzustellen, bietet sich an. Für ein paar Mark wäre er mitgegangen, für ein warmes Essen, ein Bad mit Rasur.

Er überlegt, was geschehen würde, riefe er den Lord an, oder Guy oder den Tiger, sagte ihnen: Ich sitze in Kassel fest, schickt mir Geld! – Sie würden es schicken, weiß er, auf alle Fälle würden sie es schicken. Dieser Gedanke macht ihn froh, läßt ihn für kurze Zeit seine Misere vergessen.

Am späten Abend sprechen ihn zwei Männer an. Beide sind im besten Mannesalter, kräftig, tragen derbe Kleidung.

He du, sagt einer, suchst du Arbeit?

Es sind keine Schwulen, weiß Axel mit einem Blick. Er nickt, sagt: Geld könnt ich immer brauchen, steht auf, nimmt seine Tasche, geht mit den beiden, steigt in deren Auto.

Der Mann hinter dem Lenkrad sagt, daß er Richard heiße, der Boss sei, und der andere sei Willi, sein Vertreter. Axel sagt seinen Namen und daß er von drüben sei, auf der Reise, Verwandte zu besuchen. Dann schweigen die Männer, Axel sieht, daß die Scheinwerfer des Autos eine Landstraße ausleuchten; zu fragen, wohin die Fahrt geht, traut er sich nicht.

Kurze Zeit später halten sie in einem Dorf, Axel sieht

die Umrisse von Zirkuswagen, glaubt, in einem Zirkus zu sein, findet es gut, dort zu arbeiten.

Wir sind ein Festzeltbetrieb, sagt Richard, wir ziehen durch das Land und bauen auf Bestellung unser Festzelt auf. Du wohnst bei Siggi, das ist mein Sohn, vertragt euch, sonst setzt es was hinter die Ohren.

Richard nimmt Axel die Papiere ab; für den Vertrag, sagt er entschuldigend, wenn du mal kündigst, kriegst du sie wieder. Axel ist zu müde, um zu protestieren, er will schlafen, lange und ungestört, dann will er auch im Festzeltbetrieb arbeiten, als was, ist ihm im Augenblick völlig egal.

Der Wagen ist eng, zwei Betten, zwei Schränke, Tisch, Stühle, ein Kanonenofen. Siggi ist ein Bursche in Axels Alter, fett, mit ölgetränkten, enganliegenden Kopfhaaren, von denen ein ranziger Geruch ausströmt. Du bist der Neue, sagt er gähnend, hau dich hin, in aller Herrgottsfrühe geht's weiter! Axel legt sich auf das Bett, ist im Nu eingeschlafen.

Bei Tagesanbruch weckt Siggi ihn, Axel taumelt nach draußen, wäscht sich schwankend mit eiskaltem Wasser, das Siggi in eine kleine Plasteschüssel gießt.

Los, mach hin, wenn der Alte tobt, ist es zu spät.

Im Küchenwagen trinken sie Kaffee, Axel lernt Lisa, Richards Frau kennen, eine füllige Frau mit schmalen Lippen, und Gerhard, einen hageren, schweigsamen Mann um die Vierzig. Dann drängt Richard zur Arbeit, sieht Axel an, sagt: Laß dir von Willi Arbeitsklamotten geben. Der gibt ihm einen Arbeitsanzug, hohe Schuhe, schon getragen, nach Schweiß stinkend. Axel zieht sich um, hat keine Zeit, einen Joint zu rauchen, der Kopf schmerzt ihm, er fühlt sich schlaff, kalter Schweiß bedeckt seine Stirn. Siggi tritt ihn in den Hintern, los, mach hin, sagt er feixend, das Zelt muß morgen stehen!

Dann folgt Knochenarbeit, wie Axel sie nie kennenge-

124

lernt hat. Das starre Zeltleinen scheuert seine Hände blutig, der Hammer ist zu schwer für ihn, er schlägt am Pfosten vorbei, stürzt mehrere Male zu Boden. Siggi hebt ihn auf, tritt ihm in den Hintern, Richard nennt ihn einen weichen Fatzken, aus dem er schon noch einen Kerl machen will. Zum Frühstück kann Axel nichts essen, die Kopfschmerzen sind unerträglich geworden, treiben ihm die Tränen in die Augen. Er flennt, ruft Siggi lachend, das Baby flennt. Axel möchte rauchen, entfernt sich von der Gruppe, doch Siggi folgt ihm, sagt feixend: Ich soll auf dich aufpassen, Scheißerchen!

Mit kurzen Pausen arbeiten sie weiter, bis die Dämmerung hereinbricht. Dorfbewohner stehen gaffend am Rand des Festplatzes, bestaunen das Zelt.

Im Abortwagen raucht Axel einen Joint, wäscht sich flüchtig mit kaltem Wasser, wickelt Taschentücher um seine blutenden Hände, legt sich ins Bett. Morgen hau ich hier ab, denkt er beim Einschlafen. Gleich morgen, dann fallen ihm die Augen zu.

Und wieder weckt Siggi ihn grinsend bei Tagesanbruch. Axel hat starke Nierenschmerzen, er ahnt, daß es Entzugserscheinungen sein müssen.

Nach dem Kaffee beginnt die Plackerei, Axels Hände bluten wieder, die Wunden brennen, die Nierenschmerzen sind unerträglich.

Um die Mittagszeit werden Tische und Stühle in das Zelt gestellt, Girlanden aufgehängt, die Kapelle richtet sich ein. Axel atmet auf, glaubt, nun Freizeit zu haben, doch er täuscht sich. Du wirst kellnern, befiehlt Richard. Axel zieht sich eine weiße Jacke an, wird dem Wirt zugeteilt. Siggi weicht nicht von seiner Seite, begleitet ihn sogar zum Abortwagen, sagt jedesmal: Du scheißt oft, Scheißerchen!

Am Nachmittag beginnt der Festbetrieb mit Bieranstich und Tanz. Axel schleppt pausenlos volle Biergläser, räumt die Tische ab, spült Gläser. In den späten Nachtstunden ist der Festtag zu Ende, Axel räumt das Geschirr zusammen, hilft beim Abwaschen, er ist totmüde, die Glieder schmerzen ihn, er hat brennende Blasen an den Füßen. Als Lisa ihn entläßt, fällt er auf sein Bett, unfähig, einen klaren Gedanken zu fassen, schläft er ein.

Irgendwann am frühen Morgen wacht er auf, sieht Siggi schlafen, schleicht sich aus dem Wagen, läuft die Dorfstraße hinunter. Nach einigen Minuten hört er Motorengeräusche hinter sich, sieht ein Auto, weiß, daß es Richard und Siggi sind.

Du Blödmann, ruft Richard grob, wohin willst du, ohne Papiere, ohne Geld? Axel weiß, daß der Mann recht hat, steigt ins Auto, verzweifelt, den Tränen nahe. Wir kriegen dich immer wieder, feixt Siggi, Lisa sagt nichts, die anderen auch nicht. Am Nachmittag beginnt Axel, Bier zu schleppen, Gläser zu spülen, schläft einige Male vor Müdigkeit im Sitzen ein.

Im Morgengrauen des nächsten Tages wird mit dem Zeltabbau begonnen, einen Tag später setzt sich der Zug, bestehend aus vier Wagen, in Bewegung, sein Ziel ist eine Kleinstadt, etwa achtzig Kilometer entfernt.

Hier bleibt das Zelt vier Tage stehen, Axel arbeitet, von Siggi bewacht, bis zu sechzehn Stunden am Tag. So bleibt es, der Kleinstadt folgen andere Orte; Dörfer, mittlere Städte, auch freie Wiesen.

Axel findet kaum Zeit für sich. Einen Joint zu rauchen oder Kokain zu schnüffeln, ist ihm nur im Abortwagen möglich. Er hat Angst vor Richard, seinen Grobheiten, und er fürchtet Siggi, der ihm Schläge androht für den Fall, erneut flüchten zu wollen. Diesen Gedanken hat Axel aufgegeben, er weiß, daß er ohne Papiere nicht weit kommt. Er fügt sich, arbeitet, schweigt.

Da er an manchem Tag nur einen Joint raucht, treten

immer wieder Entzugserscheinungen bei ihm auf. Die Nierenschmerzen sind schlimm, er fürchtet sie, und wenn sie auftreten, krümmt er sich, beißt die Zähne zusammen.

Nach einer Woche bekommt er seinen ersten Lohn; zweihundert Mark. Er hält das Geld in seinen Händen, ist fassungslos darüber, er hat mit mehr gerechnet, viel mehr. Am Abend versucht er, sich zu betrinken, doch Gerhard hindert ihn daran.

Mach's nicht, sagt er eindringlich, wenn du nicht arbeiten kannst, schlägt Richard dir die Knochen kaputt.

Während einer Veranstaltung in einem kleinen Dorf lernt Axel den krausköpfigen Tilo kennen. Tilo ist als Hilfskellner engagiert, Richard hat ihn Axel zur Seite gegeben. Die beiden sehen sich an, wissen sofort, daß sie sich lieben werden. Und während der Bürgermeister eine Rede hält, stehen Tilo und Axel am Tresen, reden hastig miteinander, von Siggi argwöhnisch beobachtet.

Nach Schluß des Festes geht Axel zu Richard, sagt: Ich möchte mit Tilo gehen, er hat mich eingeladen. Und zur Überraschung aller sagt der zu.

Bei Tilo duscht er sich, dann sitzen sie in der Küche, trinken Kaffee, rauchen.

Ich hab es beschissen, sagt Tilo, die Mutter im Krankenhaus, die Leute nennen mich Arschficker. Ein Schwuler in einem Dorf zu sein ist schlimm. Der Tilo ist von Gott gestraft, sagen die Alten. Sie meiden mich, grüßen nicht, ich fühle mich wie ein Aussätziger.

Er weint, Axel streichelt ihn zärtlich, schweigend, und bleibt bis zum Vormittag bei Tilo, dann geht er aus dem Haus, verfolgt von den neugierigen Blicken der Nachbarn.

Siggi sitzt biertrinkend vor dem Wagen. Na, wen haben wir denn da? fragt er spöttisch. Das Scheißerchen ist ein Schwuler, da werde ich mir nachts doch vorsichtshalber einen Korken in den Arsch stopfen! Er lacht laut und speichelspritzend.

Es ist Ende Juni, da wird das Zelt in einem kleinen Ort in der Nähe von Göttingen aufgebaut. Am Nachmittag treffen die Hilfskräfte ein. Alice ist dabei, die energische Studentin, Bernie, der kleine, ruhige Student. Beide haben schon oft gekellnert, sind auf den Lohn angewiesen. In einer Pause erzählt Axel von sich, er spricht hastig, immer nach Siggi Ausschau haltend.

Das ist Sklavenhandel, sagt Bernie empört, Alice reagiert praktischer, wir holen dich da raus, sagt sie entschlossen. Unbemerkt geht sie telefonieren, kommt wieder, sagt mit zufriedenem Gesicht: wenn vor dem Zelteingang ein Auto hält, spring hinein, Obelix bringt dich in Sicherheit. Zitternd vor Freude läuft Axel in seinen Wagen, stopft seinen Vorrat an Drogen in die Hosentaschen, auf seine Sachen muß er verzichten, auch auf seine Papiere. Das alles ist ihm auch gar nicht wichtig. Er will raus in die Freiheit.

Es ist etwa Mitternacht, da hält ein Auto mit laufendem Motor vor dem Zelt. Axel sieht es, stellt sein Tablett beiseite, sieht Alices zustimmenden Blick, rennt mit gewaltigen Sätzen aus dem Zelt, springt ins offene Auto, ruft angstvoll: Fahr ab! Und kaum setzt sich das Auto in Bewegung, fährt auch Richards Auto los. Schneller, ruft Axel dem Fahrer zu, fahr schneller! Die Scheinwerfer von Richards Auto werden kleiner, dann sieht Axel sie nicht mehr. Da schlägt er die Hände vor sein Gesicht und weint vor Freude.

Göttingen

Das Auto erreicht die Grenze der Großstadt, fährt durch die leeren, hell beleuchteten Straßen, hält vor einer Kneipe. Der Fahrer steigt aus, Axel sieht ihn jetzt zum ersten Mal. Er ist groß, vollbärtig, breitschultrig. Ich bin Obelix, sagt er, Schimanski hätte es nicht besser gemacht. Er lacht, auch Axel lacht, zögernd zunächst, dann lauter – es befreit ihn von der Angst, die noch in ihm steckt. Er dreht sich um, blickt die Straße hinunter.

Keine Bange, sagt Obelix, wischt sich die Lachtränen aus den Augen, dann gehen sie in die Kneipe. Niemand nimmt Notiz von ihnen, nur der Wirt kommt, drückt Axel die Hand, sagt: Ich sehe, es hat geklappt. Dann trinken sie Bier, rauchen, reden, Axel gibt bereitwillig Auskunft über die Zustände in Richards Betrieb. Ein moderner Sklavenhändler, sagt Obelix mitfühlend, drückt Axel einen Hunderter in die Hand.

Eine Stunde später kommen Bernie und Alice.

Der Teufel war los, sagt Bernie, der Alte hat getobt und den Fettwanst mit Fußtritten in den Allerwertesten traktiert. – Deine Sachen wollte er nicht rausgeben!

Im Augenblick ist es Axel egal, daß Richard seine Tasche und seine Papiere hat. Er ist nun in Freiheit, hat neue Freunde gefunden, ihm ist vor der Zukunft nicht bange. Dann trennen sie sich, Axel fährt mit Bernie in dessen Wohnung. Ich lebe in einer Wohngemeinschaft von Studenten, erklärt der unterwegs, es ist ruhig und billig. Du schläfst allein, ich kampiere bei Alice!

Das Zimmer ist mittelgroß, voller Bücher und Blumen, das Bad ist am Ende des langen Korridors. Als Bernie gegangen ist, duscht Axel lange, rasiert sich, raucht genußvoll einen Joint, schläft zufrieden ein.

Am nächsten Morgen erwacht er um die Mittagszeit, raucht, trinkt Kaffee, dann geht er durch die Stadt.

Auf einer Parkbank schnupft er Kokain, sieht mit Sorge, daß sein Drogenvorrat zu Ende geht. Geld für neue Drogen hat er nicht, schon gar nicht für harte Drogen. Haschisch ist überall zu bekommen, weiß er, bei Heroin und Kokain ist er nicht so sicher. In Frankfurt bekäme er es, er hat eine Kontaktadresse, der Pockennarbige hat sie ihm beim letzten Treffen gegeben. Tausend Mark braucht er, zweitausend wären besser. Er hat nur einhundert.

An einer Imbißbude ißt er eine Kleinigkeit, schlendert weiter durch die Stadt. Er würde gerne in ein Café gehen, Ausschau nach Schwulen halten, neue Kontakte knüpfen. Er weiß genau, daß er nur einen Schwulen braucht, in wenigen Tagen wäre er durch den in der Szene bekannt, dann wäre auch Geld in Aussicht, möglicherweise auch eine neue, interessante Unterkunft. Doch das wenige Geld in seiner Tasche verbietet Aufenthalte in Kneipen und Cafés.

Er geht in die Wohnung, trifft dort Bernie, der auf einen Sprung gekommen ist, Bücher zu holen. In der Küche begegnet er einigen Studenten, die Kartoffeln braten, sich mit blassen Gesichtern Texte abfragen. Um Mitternacht geht er wieder auf die Straße, voller Sehnsucht nach Sex, nach einem jungen Körper, nach zärtlichen, geschickten Händen. Vor einigen Kneipen bleibt er stehen, wartet, daß jemand ihn bemerken und ansprechen möge.

Es geschieht, doch es ist eine Frau, grell geschminkt und betrunken. Ich suche einen jungen Wichser, sagt sie mit schwerer Zunge. Axel schüttelt den Kopf, kein Interesse, sagt er; die Frau spuckt vor ihm aus, torkelt weiter.

Axel geht in den Park, in der Hoffnung, dort einen Schwulen zu treffen. Er sieht Pärchen auf den Bänken, sitzend, liegend, sich liebend. Ihr lustvolles Stöhnen geilt ihn auf, unzufrieden geht er in die Wohnung zurück.

Die nächsten Tage und Nächte vergehen ohne Besonderheiten. Alice und Bernie sieht er einige Male. Du mußt dir einen Job suchen und eine Wohnung, sagt Alice, und Axel hört den Vorwurf in ihrer Stimme. An Arbeit liegt ihm wirklich nicht viel, schließlich hat er in den letzten sechs Wochen für drei gearbeitet. Ausruhen will er sich, leben möchte er, wie es ihm gefällt, und Arbeit gefällt ihm nicht.

Dann legt Bernie ihm eines Tages einen Zettel auf den Tisch. Stell dich dort vor, sagt er knapp, vergiß es nicht. Axel geht am nächsten Tag zu ungewohnt früher Stunde aus dem Haus. In einem Glashaus am Parkeingang meldet er sich, eine wortkarge Frau legt ihm einen Vertrag vor. Unterschreiben, sagt sie knapp, Geld wird wöchentlich überwiesen, fangen Sie gleich an.

Axel unterschreibt, empfängt Arbeitssachen und die Anordnung, Parkwege zu harken und Unkraut zu jäten.

Er wird zu Schorsch geschickt, dem alten Ostpreußen, der sein Chef sein soll.

Der Herr Graf kommt persönlich, sagt der, da gönne ich mir doch glattweg was Gutes. Und während Axel die Parkwege harkt und mit verbissenem Gesicht die Schubkarre schiebt, liegt Schorsch im Gras, trinkt Rotwein aus der Flasche und raucht genußvoll sein Pfeifchen. Dabei spart er nicht mit frommen Sprüchen und Lebensweisheiten. Arbeit schändet nicht, Jungchen, sagt er mit erhobener Pfeife, ich habe auch bessere Tage gesehen.

Am Abend rechnet Axel aus, daß er am Tag etwa fünfunddreißig Mark verdient hat.

Noch vier Tage geht er in den Park zu Schorsch, hört dessen Altmännergeschwätz, sammelt Kondome von den Parkwegen, entleert Papierkörbe. Dann wirft er den Besen ins Gebüsch, nennt Schorsch einen Scheißkerl, geht in das Glashaus, verlangt seinen Lohn. Wie Sie wollen, sagt die Frau ungerührt, gibt Axel einige Geldscheine. Der geht grußlos, wütend und unzufrieden, zählt auf der Straße das Geld. Es sind einhundertfünfundsechzig Mark. Er lacht, hält die Scheine vor sich, dreht sich im Kreis, ruft: ich bin reich – ich bin reich! Die Passanten schütteln die Köpfe. Die haben mich gefeuert, sagt Axel am Abend zu Bernie, wir waren zu viele.

In der Kneipe trifft er Obelix, borgt sich dreihundert Mark von ihm, sagt: Bekommst du wieder, Ehrenwort! Dann zieht er durch die Kneipen, sucht neue Bekanntschaften, findet sie, doch ein Schwuler ist nicht drunter. Er ist unzufrieden mit sich und seinem Leben, fühlt sich ungerecht behandelt von Bernie, der ihn zur Arbeit trieb, auch von Obelix, der ihm das Geld borgte.

Er beschließt, der Mutter einen Brief zu schreiben. Der Gedanke gefällt ihm, er freut sich zwei Tage lang, den Brief zu schreiben, stellt sich vor, wie die Mutter reagieren würde. Weinen würde sie, die Schriftzüge ihres Axel küssen, den Brief allen Freunden und Nachbarn zeigen, sagen: Er hat mich nicht vergessen, er hatte nur keine Zeit zu schreiben!

Dann schreibt er der Mutter, danach auch dem Vater. Es geht mir gut, schreibt er, ich habe Arbeit, ich habe eine Wohnung, ich habe Freunde. Es geht bergauf, macht euch keine Sorgen um mich! Als er die Briefe in den Briefkasten wirft, ist ihm so leicht ums Herz, wie seit langem nicht mehr.

Und wieder ist es Bernie, der sich um Axels Fortkommen bemüht. Er besorgt ihm einen Wohnplatz in einem evangelischen Jugendwohnhaus. Axel zieht ungern um. Bernies Zimmer gefällt ihm sehr, doch er sieht ein, daß der nicht ständig bei Alice wohnen kann.

Für sein neues Zimmer muß Axel pro Tag fünf Mark zahlen, es ist auch ein Einzelzimmer. Niemand im Haus macht ihm Vorschriften, er kann kommen und gehen, wann er will. Eines Tages fährt Bernie zu Richard, fordert von ihm die Herausgabe von Axels Papieren und seinen Lohn. Schweigend gibt Richard beides heraus.

Axel leidet unter starken Entzugserscheinungen. Heroin und Kokain hat er nicht mehr, er raucht Haschisch, mit dem er sehr sparsam umgeht. Besonders die Nierenschmerzen setzen ihm zu, lähmen sein Denken, zwingen ihn zeitweise zur Bettruhe, an die Übelkeit hat er sich fast gewöhnt.

Er schläft bis zum frühen Nachmittag, trinkt dann Kaffee, raucht, geht in die Stadt, besucht die Kneipen, hoffend, eines Tages eine Schwulenkneipe zu finden. Schließlich hat er Glück, in einer Kneipe trifft er auf Schwule, lernt Thomas kennen, den Medizinstudenten, und Rainer, der Philosophie studiert. Sie sitzen bis zum Kneipenschluß zusammen, reden und trinken miteinander. Sie gefallen einander. Die beiden finden Axels Schicksal interessant. Daß er drogenabhängig ist, verschweigt Axel. Mal ein Joint, sagt er, doch mehr nicht, alles andere ist von Übel.

Auch die anderen Stammgäste der Schwulenkneipe finden Gefallen an Axel und nehmen ihn dankbar in ihre Gemeinschaft auf.

Das Zimmer in dem evangelischen Jugendhaus wird ihm wieder gekündigt. Es war nur vorübergehend, sagt der Geschäftsführer bedauernd. Erneut ist es Bernie, der sich um Axel kümmert. Er nimmt ihn wieder bei sich auf, zieht selber zu Alice.

Noch einmal borgt Axel sich von Obelix dreihundert Mark, der gibt sie ihm ungern, weil er weiß, daß Axel mit der Rückzahlung Schwierigkeiten haben wird. Mach mit mir keine Späße, sagt er drohend, ich verdiene mein Geld auch nicht im Schlaf. Axel versichert, sein Wort zu halten, doch er weiß sehr genau, daß er seine Schulden in der nächsten Zeit nicht zurückzahlen kann.

Mit Rainer, dem Philosophiestudenten, ist er gern zusammen, dem feinsinnigen Jungen aus gutem Hause. Axel weiß, daß Rainer regelmäßig finanzielle Unterstützung von seinen Eltern bekommt, und er weiß auch, daß er in einer Studentengemeinschaft eine eigene kleine Wohnung hat. Er mag Rainer, bildet sich ein, in ihn ein wenig verliebt zu sein. Sie treffen sich in Kneipen, gehen in den Park, ins Schwimmbad. Rainer bezahlt, er tut es wortlos und selbstverständlich, und Axel nimmt es hin.

Eines Abends berichtet Thomas erfreut, daß er in einer Kneipe einen Job für Axel habe. Kellnerarbeiten. Mal an der Bar aushelfen, mal in der Küche. Axels Freude ist gedämpft. Doch schon am nächsten Tag geht er zu dem Wirt.

Man nennt mich Igel, sagt der augenzwinkernd, ich bin bisexuell und zahle für jede gute Nummer.

Igels Frau musterte den neuen Kellner uninteressiert, sie kennt die Vorlieben ihres Mannes für junge Leute, egal ob Mann oder Frau. Noch am gleichen Tag beginnt Axel seine neue Tätigkeit. Als er sich im Keller umzieht, kommt Igel. Er ist angetrunken, laut, umarmt Axel ungeschickt. Der läßt es geschehen, ahnend, daß ihm der Wirt noch von Nutzen sein wird.

Die Arbeit macht ihm sogar Spaß, er kellnert in der Bar, bedient im Kegelkeller, trifft auch Schwule, schläft mit ihnen. An manchem Tag arbeitet er nur einige Stunden, dann wieder zehn und mehr, doch es ist immer sein freier Wille, wenn er länger bleibt.

Oft steht er in der Küche neben Igels Frau, belegt Brötchen, schneidet Braten. Nach einigen Tagen sagt sie: Nenn mich Rita, ich glaub, du bist in Ordnung! Sie arbeiten gut miteinander. Axel erzählt von Wittenberg und seiner Zeit in Hamburg. Über seine Mutter zu reden vermeidet er. Obwohl Axel nun Arbeit und Geld hat, ist er mit seinem Leben nicht zufrieden. Die Stadt, sein unmittelbares Umfeld erscheinen ihm zu provinziell. Alle, die er kennt, haben ein Ziel, arbeiten darauf hin, investieren dafür ihre Zeit und ihre Kraft.

Auch bei Rainer spürt er es, versteht es nicht, wenn der sagt: Ich muß lernen, morgen ist eine Prüfung fällig.

Ihr seid Spießer, sagt Axel, das Leben rinnt euch durch die Finger, ihr merkt es nicht einmal. Und die Angst sitzt in ihm, daß auch sein Leben ihm durch die Finger rinnt. Sein Verdienst bei Igel ist mehr als bescheiden, geht für kleine Mengen Haschisch drauf. Obelix drängt auf Rückzahlung der Schulden, und Alice deutet im Gespräch an, daß sie gerne mal eine Zeitlang ohne Bernies ständige Gesellschaft leben würde.

Entzugserscheinungen machen Axel zu schaffen, er schläft wider Willen mehrmals mit einigen Typen aus der Schwulenkneipe, von denen er kein Geld bekommt.

Es ist Anfang August, als er Axel kennenlernt, den Namensvetter, den Jungen aus Halle, der mit wunderbar sächsischem Akzent redet. Unmittelbar nach der Maueröffnung ist der nach Göttingen gezogen, hat sich Arbeit gesucht und eine Wohnung, ein Zimmer, eine kleine Küche und ein Balkon, direkt über dem Bürgersteig einer Einkaufsstraße.

Am Abend sitzen sie biertrinkend und rauchend auf dem Balkon, spucken auf den Bürgersteig und freuen sich über die Proteste der empörten Passanten.

Axel aus Halle ist unternehmungslustig, in jeder freien Minute fährt er mit seinem neuen Auto durch die Stadt und in die neue Umgebung. Axel K. ist immer mit von der Partie, sagt bei Igel immer häufiger seinen Dienst ab und kann dessen Ärger nur dadurch dämpfen, daß er gelegentlich mit ihm schläft. Als Axel eines Tages in Bernies Wohnung zurückkehrt, sieht er eine Geldbörse auf dem Tisch liegen. Sie gehört Bernie, das weiß Axel genau. Er öffnet sie, entnimmt ihr einhundert Mark. Ich leihe sie mir nur, beruhigt er sich selbst, er bekommt das Geld wieder. Wovon er es zurückzahlen will, weiß er nicht, und er macht sich auch keine Gedanken darüber. Dieser Diebstahl hat ein unerfreuliches Nachspiel für ihn.

Bernie entdeckt das Fehlen des Scheines, teilt sich Alice mit, die geht zu Igel, erzählt es ihm, fordert ihn auf, Axel gegenüber weniger vertrauensselig zu sein.

Am nächsten Tag verlangt Bernie, daß Axel seine Wohnung verlassen möge. Es fällt ihm schwer, das zu tun, doch er ist von Axel enttäuscht, und da ist auch noch Alices Forderung, den Dieb an die frische Luft zu setzen.

Ich wollte es dir wiedergeben, sagt Axel bedrückt, wirklich, Bernie, du mußt mir glauben. Ungern geht er, versucht, bei Axel aus Halle unterzukommen, doch der ist nicht da, ein Hausbewohner sagt ihm, daß er in Urlaub gefahren sei.

Bei Igel findet er Verständnis. Du kannst im Keller wohnen, sagt er, und wenn du bei mir klaust, fliegst du im hohen Bogen raus!

Am Abend ist Obelix Gast in der Kneipe. Axel bedient ihn, weiß, daß der mit Sicherheit sein Geld zurückverlangen wird. Der tut es tatsächlich, droht mit Schlägen, mit der Polizei.

In der Nacht krümmt sich Axel vor Nierenschmerzen. Er weint, beißt die Zähne zusammen, wünscht sich einen Joint, ein Gramm Heroin, um wieder fit zu werden. Am Morgen zittern seine Hände, auf der Stirn perlt kalter

Schweiß. Rita sieht es, sagt nichts. Axel ist körperlich und seelisch am Ende, er braucht harte Drogen, um weiterleben zu können, und Geld braucht er dafür, das er mit der Arbeit als Kellner nicht verdienen kann. Er ist verzweifelt, hat Angst vor Obelix, Bernie und Alice. Er will nicht, daß Igel von seiner Drogenabhängigkeit erfährt, er fürchtet, dann aus dem Haus gewiesen zu werden.

In diese Stimmung hinein erhält er einen Brief von seinem Vater, der hart und kritisch seine Flucht aus Wittenberg verurteilt. Axel liest ihn, ist so deprimiert, daß er an Selbsttötung denkt. Mir gehts nicht gut, sagt er unter Tränen, zu Igel und Rita, ich habe die Nachricht bekommen, daß meine Mutter verunglückt ist.

Betretenes Schweigen. Man bedauert ihn, bietet ihm Hilfe an. Er genießt die Aufmerksamkeit, fühlt sich nicht mehr als Axel, der die Bierkrüge schleppt und die Gläser spült, er fühlt sich wie jemand, der nun rehabilitiert, wieder zu seiner ursprünglichen Größe und Bedeutung gefunden hat.

In der Nacht leidet er unter so heftigen Rückenschmerzen, daß Igel einen Arzt ruft. Es sind die Nieren, sagt Axel, der keine Untersuchung will, ich leide seit Jahren an Nierenschmerzen. Der Arzt läßt sich täuschen, geht mit der Mahnung, unbedingt einen Arzt zu konsultieren.

Den nächsten Tag nimmt Axel frei, treibt sich in der Stadt herum auf der Suche nach hartem Stoff.

In den Discos kann er leichten Stoff haben, Heroin bekommt er nicht. Entweder die Dealer trauen ihm nicht oder sie haben tatsächlich kein Heroin. Warte drei Tage, verspricht einer, dann beschaffe ich es dir! Drei Tage will, kann Axel nicht warten, für sein ganzes Geld – es sind dreihundert Mark – kauft er Haschisch, raucht pausenlos im Keller, spürt dankbar, wie die Nierenschmerzen nachlassen und sein Körper leicht wird.

Am Morgen will er nicht aufstehen, beginnt zu rau-

137

chen, Igel ertappt ihn dabei, schüttelt nur wortlos den Kopf.

Am frühen Abend beginnt Axel wieder zu kellnern, reißt Witze, lacht mit den Gästen, er fühlt, daß er gut drauf ist. Selbst Obelix ändert Axels Laune nicht, obwohl er drohend und nachdrücklich sein Geld und das für Bernie einklagt.

Wenn du nicht zahlst, behält Bernie deine Klamotten, sagt er, auch deinen Ausweis!

Den Ausweis will Axel um jeden Preis wiederhaben, er sagt es Obelix, der kaum noch Notiz von ihm nimmt. Er würde sich am liebsten Geld borgen, seine Schulden bezahlen, seine drängenden Gläubiger loswerden. Igel leiht ihm nichts, auch dann nicht, als sie gemeinsam auf dem knarrenden Bett im Keller liegen.

Axel trifft Rainer, der im Urlaub war und erzählt, daß er Sehnsucht nach ihm hatte. Axel wittert seine Chance, klagt über die Arbeit bei Igel und daß der ihn bedrängen würde. Rainer lädt ihn hastig ein, künftig bei ihm zu wohnen. Axel willigt ein, holt seine Sachen von Igel ab, sagt ihm, daß er gelegentlich noch zur Aushilfe käme.

Neben Rainers Wohnung liegt die der Studentin Karla, die von allen nur Kalli genannt wird. Fast so groß wie Axel, wiegt sie hundert Kilo, leidet an Körpergeruch, den sie durch fast pausenloses Sprayen ihrer Axelhöhlen zu überdecken sucht. Sie ist erschreckend ordinär, ehrlich und erinnert Axel an die Lesbe aus Berlin.

Du bist ein interessanter Typ, sagt sie am ersten Tag zu Axel, du bist klug und blöd und sensibel und beinhart, sowas wie du ist vom lieben Gott gar nicht programmiert worden. Dann lacht sie über den verdutzten Axel, kocht Unmengen Kaffee und erzählt ihm vom muskulus gluteus maximus und der Bedeutung des oberen äußeren Quadranten für die intramuskuläre Injektionstechnik.

Fortan ist Axel häufig mit Kalli zusammen, die ihm gesteht, noch Jungfrau zu sein. Mich kann nur ein Hengst entjungfern, sagt sie, oder Axel K., doch der ist schwul und kriegt bei mir den Schwanz nicht hoch!

Auch nachts ist Axel häufig bei Kalli, die Kettenraucherin ist und gelegentlich einen Joint nicht abweist.

Die anderen Studenten bekunden nur flüchtiges Interesse an Axel, für sie ist er Rainers Besuch und damit nicht ihre Angelegenheit.

Die nächste Zeit lebt Axel unbeschwert dahin. Der August ist heiß und trocken, Axel mag die Wärme, er liegt tagsüber im Schwimmbad, geht gelegentlich am Abend zu Igel, um dort für einige Stunden auszuhelfen. Der Kühlschrank in Rainers Küche ist immer voll, mit Vorliebe kauft der die Dinge, die Axel bevorzugt.

Der Rainer ist über beide Ohren in dich verknallt, sagt Kalli burschikos, wenn es ginge, würde er sich ein Kind von dir wünschen.

Axel ist mit seinem Leben eigentlich zufrieden, wäre da nicht die Sache mit den Drogen. Die gelegentlichen Joints bei Kalli befriedigen ihn keinesfalls, die Gier nach der, wie er glaubt, heilenden Wirkung harter Drogen wird stärker, läßt ihn etwas tun, das ihn unsanft aus seinem bequemen Leben reißt.

Ich brauche tausend Mark, sagt er eines Tages zu Rainer, nicht mehr und nicht weniger, ich brauche sie eben, frage nicht, wofür! Auch für den Studenten aus wohlhabendem Hause ist das viel Geld, die Miete könnte er zwei Monate davon bezahlen, einen Monat davon leben ...

Na ja, sagt Rainer unentschlossen. Doch die wenigen Silben sind für Axel schon zuviel, er verläßt wortlos das Zimmer, geht zu Kalli, die schwitzend über einer Karte mit den Abdominalorganen hockt. Hepar und Lien nicht palpabel, sagt sie stirnrunzelnd, der Rest ist Matsch. Sie lacht, geht unter die Dusche, verstänkert die Raumluft mit ihrem Spray. Sie kocht Kaffee, gießt Rum hinein, sie prosten sich zu, dann liegen sie auf dem Teppich, rauchen, sind mit dem Leben zufrieden.

Gestern hab ich euch stöhnen hören, sagt Kalli paffend, urig habt ihr geröchelt. Ich bin naß geworden dabei! Scheiße! Sie legt ihre Hand auf Axels Schenkel. Da war mal einer, der wollte mich entjungfern! Paulchen, so ein kleiner Scheißer von den Philosophen. Hat die Pfeife nicht hochgekriegt! Aber er wollte es wenigstens! Sie blickt in Axels Augen, fragt: Würdest du wollen?

Ich kann nicht, sagt Axel hastig, wirklich und wahrhaftig nicht.

Was zu beweisen wäre, stößt Kalli hervor, zieht Axels Hosen herunter, nimmt seinen schlaffen Penis, reibt ihn stöhnend.

Die Sache ist Axel unangenehm, er hat Furcht, daß Rainer Kallis Stöhnen hören und die Situation falsch deuten könnte. Und verärgern darf er Rainer nicht, er will die tausend Mark.

Kalli läßt von ihm ab, steht auf, sagt: Ich komme gleich wieder. Axel hört sie im Bad unterdrückt stöhnen, dann geht er. Auf dem Gang fällt ihm ein, daß er Kalli hätte um Geld bitten können.

Am nächsten Tag legt Rainer eintausend Mark auf den Tisch, sagt: Du darfst nicht an mir zweifeln, Axel! Sie küssen sich zärtlich, dann fährt Axel mit einem Taxi zum Bahnhof, nimmt den nächsten Zug nach Frankfurt. Während der Fahrt überfallen ihn heftige Nierenschmerzen. Er beißt die Zähne zusammen, krümmt sich auf seinem Sitz, erweckt das Interesse der Mitreisenden im Abteil.

Ein Katzenfell ist gut gegen Nierenschmerzen, sagt eine alte Frau, oder Fett vom Hund. Einreiben und schon ist der böse Schmerz weg. Die Mitreisenden lachen und verbergen ihre Gesichter hinter Zeitungen.

In Frankfurt hat Axel Mühe beim Aussteigen. Ein

Schaffner hilft ihm, fragt: Soll ich einen Rettungswagen rufen? Axel schüttelt verneinend den Kopf. Er sucht in der Innenstadt nach der Kneipe, die der Pockennarbige ihm in Hamburg genannt hat, findet sie. Es ist eine Bierkneipe wie viele.

Der Wirt steht rauchend hinter dem Tresen. Ich will zum groben Gottlieb, sagt Axel leise zu ihm. Der Wirt stutzt, blickt sich vorsichtig um, sagt dann kopfschüttelnd: Den haben wir nicht, junger Mann, kriegen wir auch nicht rein! Bier, Schnaps, heiße Würstchen, was darf es sein?

Axel wiederholt verunsichert: Zum groben Gottlieb möchte ich!

Der Wirt hebt die Schultern, läßt sie fallen. Ihr Pech, junger Mann, machen sie mal einen Stadtbummel und kommen Sie in zwei Stunden wieder. Vielleicht wissen Sie dann, zu wem Sie wollen!

Da versteht Axel, geht grußlos, weiß, daß der Wirt den Dealer benachrichtigen wird. Er setzt sich in ein Café, bestellt eine Postkarte, schreibt: Liebe Mutter, ich bin in Frankfurt. Es ist schön hier, ich warte auf deinen Brief. Vater hat mir geschrieben. Ich melde mich mit einem ausführlichen Brief. – Er trinkt Wodka mit kaltem Tee, zerreißt die Karte, geht.

Der Wirt sagt: Jawohl, junger Mann, wir haben Ihre Tasche aufbewahrt. Wenn Sie bitte in die Küche kommen würden!

Axel versteht nicht, läßt sich vom Wirt in die Küche schieben, spürt harte Fäuste, die ihn gegen die Wand drücken, Hände, die gekonnt seinen Körper abtasten. Nichts, sagt eine Stimme, dann sieht Axel einen Mann am Tisch sitzen, der eine Sonnenbrille trägt und ein schwarzes Hemd. Der zweite Mann schließt die Küchentür ab, setzt sich rittlings auf einen Stuhl, fragt: Was willst du?

Harten Stoff, sagt Axel verängstigt, für tausend Mark!
Er zieht das Geld aus der Tasche, legt es auf den Tisch.

Drückst du? fragt der Mann mit der Brille.

Axel schüttelt den Kopf. Ich rauche, sagt er, ich brauche den Stoff, versteht ihr, ich brauche ihn!

Der Bebrillte legt ein weißes Kuvert auf den Tisch. Für tausend Mark hab ich keinen Stoff. – Für tausendzweihundert! Eins-A-Ware, kein Müll!

Ich hab kein Geld mehr, sagt Axel verzweifelt.

Die Männer stehen auf. In einer Stunde zwölfhundert oder es läuft nichts!

Axel geht, die Tränen sind ihm nahe, er will den Stoff haben, weiß, daß er ihn haben muß. Fieberhaft überlegt er, was er zu Geld machen kann. Er findet nichts. Seine Uhr ist zu billig, Schmuck trägt er nicht. Auf den Bahnhof könnte er gehen, sich einen Freier suchen, doch den Gedanken schiebt er beiseite, in einer Stunde wäre das nicht zu machen. Dann fällt ihm Rainer ein, der würde helfen, sicher würde er das, er müßte ihm nur eine glaubwürdige Geschichte erzählen. Von einer Zelle aus ruft er ihn an, hört mit Erleichterung seine Stimme, beschwört ihn, ihm sofort Geld zu schicken, er hätte keines mehr für die Rückfahrt. Es sei für ihn lebenswichtig, sagt er und auch, daß er rasch zurück in seine Arme wolle.

Rainer verspricht es, und tatsächlich hält Axel wenig später das Geld in der Hand; es ist per Blitz aus Göttingen überwiesen worden.

Der Bebrillte sitzt noch immer am Küchentisch, er nimmt das Geld, zählt, nickt, sagt: Nichts für ungut, das nächste Mal kennen wir uns.

Axel nickt, nimmt das Kuvert, geht rasch und grußlos aus der Kneipe.

Um Mitternacht kommt er in Göttingen an. Rainer ist ungehalten, macht Axel Vorhaltungen. Ich habe kein Dukatenmännchen, sagt er ärgerlich, und wenn ich Geld verborge, dann will ich wissen, wofür es ausgegeben wird! Axel erwidert nichts, schließt sich im Bad ein, raucht, spürt dankbar die Wirkung der Droge schläft ein.

Sein Verhältnis zu Rainer bleibt gespannt, sie gehen sich aus dem Weg, verbringen nur die Nächte gemeinsam.

Als Axel eines Abends in die Wohnung kommt, lernt er Christoph kennen, einen Freund von Rainer. Vom Hörensagen kennt er ihn schon, weiß, daß der kein Schwuler ist, ebenfalls studiert, eine eigene Wohnung hat. Er findet ihn sympathisch, bedauert insgeheim, daß Christoph kein Schwuler ist, sagt es ihm, als sie einen Augenblick lang allein sind. Nach einer Stunde sind sie so vertraut miteinander, als würden sie sich sehr lange Zeit kennen. Rainer bemerkt es mit Verwunderung, doch er sagt nichts.

Dann bricht die letzte Augustwoche an. Rainer beschließt, sie bei seinen Eltern zu verbringen. Such dir bitte eine andere Unterkunft, sagt er zu Axel. Der ist überrascht, versucht, Rainer umzustimmen, doch der bleibt bei seiner Forderung. Ich nehme ihn gerne, sagt Kalli, doch er muß mich vögeln. Minutenlang überlegt Axel, ob er nicht für kurze Zeit zu Kalli ziehen sollte, dann drängt er den Gedanken beiseite, beginnt, seine wenigen Sachen zusammenzusuchen. Dabei findet er in einer Schublade Rainers Scheckheft und die Karte dazu. Er läßt beides liegen, hat in Sekundenschnelle einen Plan.

Am Abend klopft er an Christophs Tür, bittet ihn, bei ihm für eine Weile wohnen zu dürfen. Der willigt ein, ein wenig überrumpelt, ganz recht ist es ihm nicht, es ist ihm deutlich anzumerken. Axel ignoriert Christophs kurzen Widerstand, besieht die Wohnung, findet sie schön. Er schläft im Wohnzimmer, hat die Tage für sich, wenn Christoph in der Uni ist.

Doch er merkt sehr bald, daß Christoph nicht gewillt

ist, ihn ohne jede Forderung bei sich wohnen zu lassen. Ein paar Mark mußt du zum Unterhalt beisteuern, verlangt er. Axel verspricht es. Bei Igel trifft er auf Obelix, der ihm droht, alle Knochen zu zerbrechen, wenn er nicht innerhalb von zwei Tagen seine Schulden zurückzahlen würde. Axel versichert, zahlen zu können, ist froh, den Wütenden los zu sein.

Noch am späten Abend geht er zu Kalli, sagt ihr, daß sie supergeile Brüste habe und daß er in Rainers Wohnung etwas vergessen habe. Die gibt ihm den Schlüssel, glücklich über sein Kompliment. Axel öffnet die Schublade, findet das Scheckbuch, reißt einige Schecks heraus, küßt Kalli, steckt seine Hand für einen Moment zwischen ihre Schenkel, geht rasch und vergnügt pfeifend davon. Gedanken über seine Tat macht er sich nicht, auch nicht am nächsten Tag, als er die Schecks einlöst, dafür zweitausendsechshundert Mark bekommt.

Noch mit dem Mittagszug fährt er nach Frankfurt. Während der Fahrt steht er auf dem Gang, raucht pausenlos, hat keinen Blick für die Landschaft, durch die der Zug fährt. In Frankfurt bummelt er durch die Straßen. Er hat keine Eile, weiß, daß es günstiger ist, sich nach Einbruch der Dunkelheit um einen Drogendeal zu kümmern.

Er genießt das Gefühl, viel Geld in der Tasche zu haben. Jedesmal, wenn er einen Kaffee trinkt und bezahlt, zieht er das Bündel Scheine scheinbar achtlos aus der Tasche, sagt: Stimmt so, gibt überhöhte Trinkgelder. Ihn freuen die überraschten Gesichter der Kellner, sie lassen ihn für Sekunden vergessen, daß er eigentlich ein Niemand ist. Und daß er ein Niemand ist, weiß er genau, doch er will kein Niemand bleiben, das weiß er auch genau. Über den Weg, aus seiner Misere herauszukommen, macht er sich keine Gedanken, er vertraut auf den Zufall, auf sein Glück.

Am späten Nachmittag geht er in die Bierkneipe, sagt:

Zum groben Gottlieb will ich. Der Wirt sieht ihn prüfend an, sagt mit unbewegtem Gesicht: In einer Stunde, junger Mann! Axel weiß Bescheid, verläßt die Kneipe, kehrt nach einer Stunde zurück. Diesmal empfangen ihn keine Fäuste. Der Bebrillte sitzt allein am Küchentisch, reicht Axel die Hand, sagt bedauernd: Das von neulich tut mir leid. Der Pockennarbige hat berichtet, daß du ein straighter Typ bist. Axel ist erfreut, überrascht, legt sein ganzes Geld auf den Tisch, verlangt Kokain und Heroin. Dann geht er, hat es plötzlich eilig, aus der Stadt zu kommen, Scham ist in ihm, weil er nicht mehr der ist, für den der Bebrillte ihn hält. Beim Pockennarbigen hat er monatlich zwanzig- bis fünfundzwanzigtausend Mark gelassen, das wird der erzählt haben, weiß Axel.

Er kommt am späten Abend in Göttingen an, beschließt, zu Kalli zu gehen, mit ihr zu flirten, sich noch einmal Zutritt zu Rainers Zimmer zu verschaffen, noch einen Scheck zu nehmen. Nur einen noch, den einzulösen, den Betrag Obelix zu geben. Darüber, daß Rainer den Diebstahl bald bemerken könnte, denkt er nicht nach, ebenso nicht daran, was dieser tun wird. Doch als er in der Dunkelheit das Haus sieht und auch sieht, daß in Rainers Zimmer die Lampen leuchten, steigt der Schrekken heiß in ihm hoch. Er dreht sich um, beginnt zu laufen, stolpert, stürzt, läuft. Weg will er, weit weg von dem Haus, von Rainer und Kalli.

Mit keuchenden Lungen erreicht er Christophs Wohnung, sieht dessen prüfenden Blick, sagt hastig: Ich muß weg, meine Mutter, ich muß zu ihr! Rafft seine Sachen zusammen, stürzt grußlos aus der Tür, nimmt Christophs besorgte Fragen nicht mehr wahr.

Im Dauerlauf erreicht er den Bahnhof, kauft eine Karte, liest, daß sein nächster Zug erst am frühen Morgen fährt. Da geht er aus der Halle, verkriecht sich im Dunkel der Nacht, fürchtend, daß man ihn suchen wird. Und erst da wird ihm bewußt, daß er eine Fahrkarte nach Wittenberg gekauft hat, daß er zur Mutter will. Die Tränen schießen ihm in die Augen, er möchte plötzlich seinen Kopf in Mutters Schoß legen, alle vergessen, den rachsüchtigen Obelix, die dicke Kalli und Rainer.

Als es hell wird, muß er sein Versteck verlassen, in die Bahnhofshalle traut er sich nicht. Mißtrauisch beobachtet er jeden, der sich dem Bahnhof nähert, und als über den Lautsprecher die Ankunft seines Zuges angekündigt wird, läuft er mit gesenktem Kopf bis auf den Bahnsteig.

Als der Zug abfährt, verläßt er die Toilette, sieht den Bahnhof kleiner werden, atmet auf, als sei ihm eine große Last abgenommen. In Halle steigt er um, gibt ein Telegramm auf: Ankomme in Wittenberg am 6. September, fünfzehn Uhr, dein Axel.

Wittenberg

Als der Zug in den Bahnhof von Wittenberg einfährt, sieht Axel seine Mutter am Bahnhof stehen. Er möchte die Tür aufreißen, schreien: Mutter, hier bin ich! Er tut es nicht, winkt ihr flüchtig zu, als der Zug langsam an ihr vorbeirollt. Er hat es nicht eilig beim Aussteigen, läßt andere Reisende vor. Das Herz klopft ihm bis zum Hals, die Handflächen sind schweißig, er geht unsicher auf seine Mutter zu, sagt: Hallo, drückt sie an sich, einen kleinen Moment nur, spürt ihre Tränen an seinem Hals. Auch die Mutter sagt nichts, nimmt ihren Sohn bei der Hand, so gehen sie aus dem Bahnhof, steigen in das Auto, fahren davon.

Es ist gut, daß du wieder da bist, sagt sie.

Axel atmet auf: Ich freue mich auch!

Seine Ängste sind wie weggeblasen. Auf der Fahrt hatte er überlegt, wie er der Mutter gegenübertreten sollte, hatte sich vorgestellt, daß sie ihn mit Vorwürfen empfangen könnte, ihm sogar die Tür weisen. Sie fahren im Schrittempo durch die Straßen. Axel sieht neue Geschäfte, Stände, an denen Südfrüchte verkauft werden. Ich wollte Bananen mitbringen, sagt er verlegen, ihr habt ja alles! Während der kurzen Fahrt reden sie über Nachbarn, Axel erfährt von bevorstehenden Mieterhöhungen, von beginnender Arbeitslosigkeit und Selbstmorden ehemaliger Parteigrößen.

Dann stehen sie vor dem Neubau Nr. 12. Axel wundert sich, daß das Haus immer noch grau ist, innen nach Bohnerwachs riecht. Es ist alles so, wie es war.

In der Wohnung bleibt er stehen, atmet den vertrauten Geruch, spürt seine Tränen. Er geht durch jeden Raum, setzt sich an den Küchentisch, sagt: Ich habe oft davon geträumt, mit dir hier Kaffee zu trinken. Die Mutter lacht, streicht mit ihrer Hand kurz über Axels Haar. Du hättest es jederzeit haben können, sagt sie. Jederzeit!

Axel sieht zu, wie sie die Kaffeemaschine bedient, hört sie sagen, daß der Kaffee jetzt spottbillig ist, denkt daran, daß Alice oder Bernie oder Obelix einen Brief an die Mutter schreiben könnten und ihr Geld zurückverlangen. Ich muß die Post abfangen, denkt er verwirrt.

Sie trinken Kaffee und Axel sieht, daß in Mutters Gesicht zwei kleine Falten über dem Mund sind, die er nicht kennt. Es geht mir super, sagt er schnell, ich habe mich zurechtgefunden. Leicht war es nicht! Er erzählt, daß er in Göttingen bei einem Freund arbeitet, der ein Geschäft betreibt. Ich habe mein Auskommen, sagt er. Von Hamburg berichtet er nicht, auch nicht darüber, daß er Drogen nimmt. Doch seine Mutter stellt die Frage, die er gefürchtet hat. Nimmst du Rauschgift, Axel? Nein, sagt der schnell und hastig, probiert habe ich es, mehr nicht, und wenn, dann würde ich es dir erzählen. Die Mutter blickt ihn prüfend an, wissend, daß Axel sie belogen hat, steht auf, sagt: Dann ist es gut! Axel geht in die Bodenkammer, raucht einen Joint, fühlt sich ungeheuer gut drauf.

Nach dem Abendessen sitzen Axel und die Mutter vor dem Fernseher. Wir kriegen jetzt mehr Sender, sagt die Mutter, doch ich sehe wenig, ich bin einfach zu müde. Um zehn Uhr gehen sie schlafen. Axel liegt auf dem Bett, es ist heiß in dem kleinen Zimmer, er hört die Geräusche vom nahen Kleinbahnhof, ist froh, wieder zu Haus zu sein. Und dann denkt er daran, daß er seine Mutter wie-

der belogen, die Chance für einen neuen und endgülti-
gen Anfang wieder vertan hat. Ich hätte ihr alles erzählen
müssen, grübelt er, von meiner Arbeit im Bordell, meiner
Drogenabhängigkeit, einfach von allem! Auch das von
Göttingen, von Rainer und Obelix. Klar Schiff machen,
sagen: Mutter, ich war ein Schweinehund, ich habe gelernt, ich will wiedergutmachen. Bitte hilf mir dabei! Die
Mutter hätte zu ihm gehalten, weiß er. Was aber, wenn
die Göttinger sich ins Auto setzten, einfach nach Wittenberg kämen, sagten: Frau K., wir haben Axel wegen
Diebstahls und Scheckbetrugs angezeigt!

Er hört die Uhr der Christuskirche zwölfmal schlagen,
fühlt sich müde, schlapp. Die Freude, wieder zu Haus zu
sein, ist der Angst vor einer eventuellen Racheaktion der
Göttinger gewichen. Er setzt sich ans Fenster, raucht einen Joint, fühlt die Last von sich weichen.

Am nächsten Tag begleitet er die Mutter zur Arbeit,
dann bummelt er durch die Stadt. Er sieht Bekannte, die
ihn erstaunt mustern, fragen: Na, wo hast du dich denn
rumgetrieben? Er antwortet ausweichend, wünscht die
Neugierigen zum Teufel, geht rasch nach Hause. Dort
kontrolliert er den Briefkasten, atmet erleichtert auf, als er
keinen Brief aus Göttingen darin findet. Sie werden es
nicht machen, beruhigt er sich selber.

Doch die Angst in ihm bleibt. Er raucht Heroin, schläft,
hört seine Mutter am frühen Abend nicht kommen. Ihr
prüfender Blick läßt sein Gesicht rot werden. Ich geh mal
ein wenig nach draußen, sagt er.

In der nahen Kneipe trifft er Wolf, den Schulfreund.
Uns hat's getroffen, sagt der bedrückt. Elke hat einen
dicken Bauch, ich bin arbeitslos. Unsere Bude hat zuge-
macht, von heute auf morgen. Mensch, ich werde verrückt! Nach drüben gehen will ich, ranklotzen, Geld verdienen. Sie trinken Bier, das Axel spendiert, rauchen, als
die Kneipe schließt, sind beide betrunken. Wolf besteht

darauf, zu Hause noch einen auf die Lampe zu gießen. Axel geht ungern mit, er tut es dann doch, erlebt Wolfs keifende Frau, als sie dessen Zustand bemerkt. Wortlos geht er nach Hause, schwankend und voller Furcht vor dem nächsten Tag.

Tatsächlich findet er am nächsten Morgen im Kasten einen Brief von Alice. Er ist an Axels Mutter gerichtet und enthält die Forderung, die Schulden ihres Sohnes zurückzuzahlen. Axel liest den Brief einige Male, dann verbrennt er ihn. Am Nachmittag holt er seine Mutter aus dem Geschäft ab, bummelt mit ihr durch die Stadt, lädt sie in ein Café ein. Und während sie dort sitzen und die Mutter von neuen Preisen und Angstkäufen redet, weiß Axel, daß er bald wieder Abschied nehmen muß. Die Göttinger würden nicht lockerlassen, sich immer wieder melden, ihn möglicherweise anzeigen. Das Gefängnis wäre ihm sicher und der Mutter die Schande, ihren Sohn nun im Kittchen zu wissen. Die volle Wahrheit über ihn würde sie erfahren, sich dann vielleicht von ihm abwenden. Dieser Gedanke deprimiert ihn so stark, daß er wortlos aufsteht, auf die Toilette geht, dort einen Joint raucht. Und als sie dann langsam durch den warmen Abend nach Hause gehen, kommt Axel plötzlich wieder der Gedanke, aus dem Leben zu scheiden. Frühzeitig geht er zu Bett.

Der Gedanke gefällt ihm. Tot sein, das hieße Befreiung von all diesen verdammten Lasten, Befreiung von aller Verantwortung. Tot sein, ja, doch vor dem Sterben hat er Angst. Seine Gedanken gehen ins Detail, lassen ihn sich tot sehen, im Bett, im Sarg. Sterben ohne zu leiden, wünscht er sich, eine Überdosis Heroin wäre gut, oder eine Handvoll starker Schlaftabletten. Dann schläft er ein, die Augen voller Tränen.

Am nächsten Tag ist wieder ein Brief aus Göttingen im Kasten. Er ist drei Seiten lang und von Rainer. Er teilt

Frau K. mit, daß er gegen ihren Sohn Axel eine Strafanzeige gestellt habe und daß eine Fahndung eingeleitet sei.

Dann werde ich es wohl machen müssen, sagt Axel zu sich selbst. Er verbrennt den Brief, ist sehr ruhig dabei, und der Gedanke gefällt ihm, daß die Polizei einem toten Axel K. gar nichts mehr anhaben kann.

Am Abend trifft er sich mit Freunden in einer Kneipe. Wolf hat das Treffen organisiert, zu Ehren des Neu-Wessis Axel. Es geht lustig zu an dem runden Tisch, man trinkt viel, raucht viel, erzählt aus der Schulzeit.

Bald sind Axels Freunde betrunken, einer sagt, daß er sich am liebsten eine Kugel durch den Kopf schießen würde. Er sei ein Stasi gewesen, und das sei große Scheiße, und niemand würde ihm einen Job geben.

Die anderen lachen, auch Axel lacht, sie halten es für einen guten Witz. Du hättest Schauspieler werden sollen, sagt Axel. Dann gehen sie auseinander, lärmend und sich ewige Treue versprechend.

Zu Hause hört Axel Mutters tiefe Atemzüge, schleicht sich leise in die Küche, deckt den Frühstückstisch. Auch die Blumen vergißt er nicht, er nimmt die aus dem Wohnzimmer. Noch einmal übersieht er sein Werk, denkt daran, daß es wohl das letzte Mal gewesen sei, wo er für seine Mutter den Tisch gedeckt hat, wirft sich auf sein Bett, sein Gesicht fest in das Kopfkissen gepreßt.

Einige Stunden liegt er da, mit offenen Augen, rauchend, überlegend. Dann holt er seinen Teddy aus dem Regal, drückt ihn, wie er ihn vor zehn Jahren gedrückt hat, und weiß genau, was er am nächsten Tag tun wird.

Es ist kurz nach Mittag, als er aufsteht, sich sorgfältig rasiert, duscht, sich neue Wäsche anzieht. Er tut es langsam, als wolle er jede Bewegung auskosten. In der Küche ist der Tisch für ihn gedeckt; auch die Blumen stehen noch da. Axel räumt das Geschirr in die Schränke, er hat keinen Hunger, raucht einige Zigaretten. Dabei geht er von Zimmer zu Zimmer, sieht Dinge, die vorher nie seine Beachtung gefunden haben; die neue Seidendecke auf Mutters Bett, das Lammfell auf dem Schaukelstuhl. Er legt eine Platte auf, kauert sich auf den Teppich, den Kopf zwischen den Knien.

Stark sein, ich will stark sein. Denn: Unter der Haut wohnt das Heimweh, der Hunger nach einem Gefühl, das kein anderer kennt/ Sehnsucht, den Traum zu erfahren, dann fängt der Zauber erst an./ Das Wunderbare, das Wahre werd ich erleben, irgendwann.

Leise summt er die eingängige Melodie mit, und als die Stimme von Long verstummt, weint er leise.

Es ist kurz nach siebzehn Uhr, als er das Haus verläßt. Er geht schnell, dreht sich nicht um. Der Mutter tritt er erregt gegenüber. Ich muß sofort nach Göttingen, sagt er, ich habe telefoniert, man hat im Laden eingebrochen, ich werde dort dringend gebraucht! Die Mutter ist erschrocken und sofort bereit, ihm das Geld zu geben, das er für die Fahrt braucht. Die Banken sind ja jetzt geschlossen, Mutter! Er gibt ihr die Hand, küßt sie flüchtig auf die Stirn, geht davon. Seine Schritte sind lang und schnell.

Auf dem Bahnhof löst er eine Karte nach Berlin, versteckt sich hinter einem Kiosk. Er will keinen Bekannten treffen, will mit niemandem reden. Dann steigt er in den Zug, findet einen Sitzplatz, hat Mühe, seine Tränen vor den Reisenden zu verbergen.

Berlin

In Schönefeld steigt Axel aus, nimmt die S-Bahn. Am Bahnhof Zoo verläßt er den Zug, schlendert den Kudamm entlang, unschlüssig, was er machen soll.

Er sieht Schwulenpärchen, bekommt Lust auf Sex, fährt kurz entschlossen mit einem Taxi in die Schwulensauna, die er gut kennt. Als er seine Kabine belegt, ist er aufgeregt, raucht zitternd einen Joint, dann geht er in die Bar. Er hat keine Scheu davor, dem Spanier zu begegnen, noch einmal würde er ihm nicht auf den Leim gehen. Die Bar ist gut besucht! Axel setzt sich an einen Tisch, bestellt Wodka und kalten Tee, betrachtet scheinbar gelangweilt das Publikum. Einige Männer gefallen ihm, doch die sind in Begleitung. Er entschließt sich, wieder in die Kabine zu gehen. Die Tür läßt er halb offen. Nach einigen Minuten tritt ein Freier ein. Er ist groß, drahtig, hat eine schwarze Hautfarbe. Axel ist einen Moment unentschlossen, dann bittet er den Mann, Platz zu nehmen, bietet ihm eine Zigarette an.

Mit einem Schwarzen hatte er noch keinen Sex, er kennt nur die üblichen Vorurteile; Schwarze haben einen strengen Körpergeruch und große Schwänze. Er würde den seines Besuches gerne sehen, doch der trägt ein Tuch um seine Hüften. Ich heiße Ben, sagt der Schwarze, ich bin nur für einige Tage in Berlin. Axel erfährt, daß Ben ein Model ist und in Boston zu Hause. Seine Stimme ist

153

kehlig, er lacht viel, zeigt dabei prachtvoll weiße Zähne. Axel sitzt ihm gegenüber, spürt, wie der Wunsch in ihm wächst, den anderen nackt zu sehen, ihn zu berühren. Wir wollen schwimmen gehen, schlägt er vor. Dann gehen sie in die Halle, und Axel sieht, was er sehen will. Er findet das Wasser zu warm, es kühlt seinen heißen Leib nicht ab; als er beim Schwimmen Bens Schenkel berührt, spürt er, daß er Ben haben will. In der Kabine küßt er ihn, reißt ihm das Tuch von den Hüften, faßt ihn grob und verlangend an. Ben wehrt ihn ab, lächelt, sagt: Komm zu mir! Und wieder geht Axel mit einem Freier, so wie damals mit dem Spanier, doch er hat keinen Gedanken an das Erlebnis.

Ben hat eine Doppelkabine, auf dem Fußboden liegt eine große Ledermatte. Sie reiben sich gegenseitig mit Öl ein, küssen sich, fallen schweratmend übereinander. Ben löst sich geschickt, sagt: Du mußt mich mit Gewalt nehmen, verstehst du? Axel nickt, greift nach dem anderen, doch all seinen Griffen weicht der aus. Axel faßt härter zu, wälzt sich auf Ben. Er handelt wie im Rausch, dringt in Ben ein, dessen Abwehrbewegungen schwächer werden, ihm entgegenkommen, der ihn mit heiserer Stimme auffordert, brutal zu sein. Dann wechseln sie die Rollen. Es ist schon früher Morgen, als Axel sich zärtlich von Ben verabschiedet.

In seiner Kabine packt er seine Sachen zusammen. Mit einem Taxi fährt er zum Bahnhof Zoo und kauft eine Fahrkarte nach Köln. An seine Mutter hat er keinen Gedanken mehr, ebenso nicht daran, daß er aus dem Leben scheiden wollte.

Köln/Düsseldorf

Axel weiß aus dem Schwulenkalender, daß es in Köln ein Bordell gibt. Er hat keine Mühe, sich in der Großstadt zurechtzufinden. Der Dom interessiert ihn nicht, die Architektur der Innenstadt auch nicht, die Möglichkeiten, viel Geld zu verdienen, interessieren ihn. Er hat lange genug von der Hand in den Mund gelebt, ist von der Barmherzigkeit anderer abhängig gewesen.

Es dunkelt, und er beschließt, den Klub am nächsten Tag zu besuchen. Er sucht einige Schwulenkneipen auf, macht neue Bekanntschaften, sucht jemanden, der ihm ein gutes Quartier bietet. Einen Bauarbeiter, der ihm seinen Bauwagen anbietet, weist er ab, auch einen alten, dicken Mann, der betrunken ist und seine Kriegserlebnisse zum besten gibt.

Schließlich trifft er auf Michel, den schnauzbärtigen Taxifahrer, der ihm Bier spendiert, schließlich Sekt, und ihm erzählt, daß er seinen Freund verloren habe. Allemal Grund genug, sich sinnlos zu besaufen, sagt er. Der Leo war treu, bis dieser Arsch kam, der Parfümierte, da war es aus. Er ist mit dem gegangen, einfach so, als ob es mich gar nicht geben würde, verstehst du? Er weint, wischt mit der Faust die Tränen aus den Augen. Große Scheiße, Axel! Daß der Leo Sex wollte, ist okay, was mich so anmacht, ist, daß er sich in den Fatzken verliebt hatte. Verliebt, ich werd verrückt! Er weint ins Bierglas.

Das ist so, sagt Axel, dann lügt er: Ich hatte auch mal einen Freund. Peter! Der war okay! Wir waren immer zusammen. Einmal sind wir nach Leipzig gefahren, da haben wir auch so einen Arsch kennengelernt. Die beiden haben sich angesehen – peng, da wars passiert. Als ich vom Lokus kam, waren beide weg. Weg! Ich hab geheult, bin nach Hause gefahren. Am nächsten Tag kam er zurück. Du mußt das verstehen, hat er gesagt, ich brauche meine individuelle Freiheit! Das hat der Arsch ihm erzählt. Da war's aus bei mir. Aus, vorbei, fini!

Michel legt seine Hand auf Axels Hand, seine Stimme zittert vor Anteilnahme, als er sagt: Du hast es schwer, mein lieber Freund! Ich hab es auch schwer. Wie es auch kommt, ich bleibe meinem Leo treu. Versteh das bitte, mein Freund!

Dann verlassen sie die Kneipe, gehen in Michels Wohnung. Während der im Sessel sitzt und weint, badet Axel, raucht einen Joint, dann schläft er neben Michel in Leos Bett.

Die Nacht ist kurz, Michel weckt ihn, er ist spät dran, Axel ist ohne Frühstück. Er fährt zum Bahnhof, trinkt an einer Bude Kaffee aus einem Pappbecher, dann sieht er sich in den Bahnhofshallen um. Betrunkene und Schlafende auf den Treppen, in den Ecken, patrouillierende Polizeibeamte, hastende Reisende. Strichmädchen, die übernächtigt und gähnend zu den Vorortzügen eilen, Putzmänner in orangefarbenen Overalls, ihre Karren schiebend.

Am frühen Vormittag geht er in den Klub, muß im Vorraum warten. Das Herz klopft ihm bis zum Hals. Der Geschäftsführer ist jung, schwarz gekleidet. Seine Stimme ist weich und betont verlangsamt.

Du bist schon okay, sagt er, doch wir sind voll, mein Süßer. In Düsseldorf besorg ich dir einen Job als Gesellschafter. Fahre dorthin, du findest alles vorbereitet. Er

156

entläßt Axel an der Tür, streicht ihm zärtlich über das Gesäß.

Die Fahrt nach Düsseldorf ist nur kurz. Von der Stadt hat Axel schon gehört, ist jedoch überrascht, daß es eine moderne Großstadt ist. Er findet die Straße, das Haus, den Klubeingang.

Von dem Haus und dessen Fassade ist er enttäuscht, doch der Klub gefällt ihm. Er ist kleiner als der in Hamburg, doch geschmackvoll eingerichtet. Ein rothaariger Mann empfängt ihn. Ich bin die Rote, sagt er, ich habe von dir gehört, Gutes und Schlechtes! Von dir erwarte ich nur Gutes! Axel ist in einem Hochhaus untergebracht. Acht Jungen bewohnen eine Mehrzimmer-Wohnung. Eine Küche gibt es nicht, aber ein Bad. Es ist total verdreckt. In den Zimmern riecht es unangenehm nach ranzigem Fett und Zigarettenasche. Die Jungen stehen feixend neben Axel, der mit gerümpfter Nase die Räume inspiziert.

Ein Dreckstall, sagt er schließlich, ein Schweinestall, in den ich nicht einziehe. Er besteht darauf, daß die Wohnung sofort gesäubert werden müsse, andernfalls müsse er Meldung bei der Roten machen. Die Jungen fügen sich widerstrebend, schrubben die Böden, reinigen das Bad. Nach drei Stunden ist die Wohnung sauber. Ein Bett hat Axel nicht, er muß schlafen, wo er einen Platz findet. Die Jungen schlafen zu unterschiedlichen Zeiten, und ihnen ist es egal, in welches Bett sie sich legen.

Noch am selben Tag beginnt Axel seine Tätigkeit. Er trägt normale Kleidung, ist nicht geschminkt. In der Zeit von vierzehn bis zwanzig Uhr ist es ruhig, danach beginnt das große Geschäft. Stammfreier kommen, gehen mit ihren Gesellschaftern auf die Zimmer. Axel hat Glück, gleich in der ersten Nacht nimmt er zweitausend Mark ein. Die Rote ist zufrieden, sagt: Du bist okay, Prallarsch! Für die Miete muß Axel pro Tag neunzig Mark zahlen, sein Reinverdienst nach dem ersten Arbeitstag beträgt eintausendneunhundertzehn Mark.

Am nächsten Morgen geht er zum Bahnhof, in der Hoffnung, einen Dealer zu finden. Er lernt einen jungen Burschen kennen, der ihm sagt, daß er nur geringe Mengen Dope verkaufe, ihm aber gerne einen Pusher besorgen wolle. Tags darauf kommt ein Treffen zustande. In einer Bahnhofstoilette kauft Axel von einem gutgekleideten Mann für dreitausend Mark Heroin und Kokain.

Axels Drogenkonsum steigt. Vorzugsweise schnupft er Kokain, es macht ihn heiter, gibt ihm das Gefühl, mit allen Problemen der Welt fertig zu werden. Auch Speed Ball, eine Mischung aus Kokain und Heroin probiert er, der Pusher hat es ihm empfohlen. Nach dem Genuß leidet er an Magenkrämpfen und Atemnot, die Todesängste auslöst. Für einige Tage raucht er nur Hasch, dann geht er wieder zu harten Drogen über.

Axels Tagesverdienste betragen im Schnitt eintausend Mark, manchmal auch das Doppelte. Freie Tage gönnt er sich nicht. Kneipenbesuche und Drogen kosten so viel, daß sein Verdienst bald nicht mehr reicht. Er ruft kurzentschlossen seine ehemaligen Stammfreier in Hamburg an, bittet sie um ihren Besuch. Die kommen wirklich. Der Tiger, der Lord, Guy und andere. Sie kommen per Flugzeug, verbringen mit Axel ein paar Stunden, entlohnen ihn mehr als großzügig.

Auf einer seiner Touren durch die Schwulenkneipen lernt Axel Kurt kennen, der Leiter einer Travestiegruppe ist, und dessen Freund Klaus, einen geschwätzigen Astheniker. Die Travestiegruppe, in einer kleinen Kneipe beheimatet, ist immer gut besucht, macht auch Abstecher in andere Großstädte. In Axel erwacht der Wunsch, der Truppe anzugehören, so zu werden wie Fred, Oskar oder Pit. In der Garderobe sieht er ihren Vorbereitungen zu, probiert ihre Kleider an, fühlt sich wahnsinnig gut darin.

Als Kurt ihm sagt, daß er nichts gegen seine Mitarbeit in der Gruppe habe, erklärt Axel der Roten noch am gleichen Abend, daß er künftig nur noch vier Tage in der Woche im Klub arbeiten würde. Der akzeptiert, ungern zwar, aber wissend, daß die Stammfreier sich auf die neuen Zeiten einstellen würden.

An drei Tagen in der Woche arbeitet Axel bei Kurt, läßt sich in die Kunst des Schminkens, des Kleidens, des Gehens einweihen. Da Axel aber Schuhgröße sechsundvierzig hat, ist es schwierig, für ihn passende Damenschuhe zu besorgen. Als er sie schließlich doch hat, läuft er stundenlang mit schmerzverzerrtem Gesicht in ihnen herum. Er nimmt bei Pit Gesangsunterricht, lernt Texte, wird systematisch für die Conférence vorbereitet. Um noch sicherer zu werden, besucht er in Frauenkleidern einige Discotheken, tanzt mit den Jungen, läßt sich von ihnen küssen, nur weitere Körperkontakte duldet er nicht. Er geht in die Damentoilette, findet es lustig. Niemand bemerkt, daß er ein Mann ist, und das macht ihn glücklich.

Er zieht in Kurts Wohnung, gegen den Willen von Klaus, der etwas gegen ein Dreiecksverhältnis hat. Doch dazu kommt es nicht.

Endlich ist es soweit, Axel hat seinen ersten Auftritt. Er steht unter Drogen, fühlt sich ungeheuer gut drauf, sprüht vor Witz und Einfällen, geht in den Texten weit über das hinaus, was abgesprochen ist. Kurt toleriert es mit Schmunzeln, die anderen schütteln die Köpfe, das Publikum applaudiert.

Nach Kneipenschluß sitzen sie beisammen, trinken Sekt, und Kurt verkündet feierlich, daß der Stadt ein neuer Travestit geboren wurde. Auch im Klub machen sich seine Erfolge bemerkbar, viele Gäste der Travestieshow werden seine Stammfreier.

Eines Tages erscheint der Doktor im Klub, ein Sperma-
süchtiger, von den Gesellschaftern gefürchtet. Er will zu
Axel, hat von ihm gehört, ist neugierig, erregt, ungeduldig. Axel hat schon drei Kunden befriedigt, er fühlt sich
müde, sehnt den Feierabend herbei. Den Doktor kennt er
nicht, er unterschätzt ihn, als er ihn sieht, den kleinen,
glatzköpfigen, alten Mann.

Doch bei dem Alten lernt Axel eine völlig neue Art des
Sadismus kennen. Er liegt auf dem Rücken, läßt den
Freier gewähren, der von ihm mindestens drei Ejakulatio-
nen verlangt. Als Axel nach einiger Zeit bittet, die erfolg-
losen Versuche abzubrechen, beginnt der Alte zu toben,
schreit, verlangt sein Geld zurück, ohne seine Manipula-
tionen an Axels Penis zu unterbrechen. Der hat Schmerzen, wehrt sich, doch der Alte ist kräftig, es kommt zu einem Ringkampf, in dessen Verlauf Axel seinen Gegner
wegschleudert. Der Alte beschimpft Axel, nennt ihn Hurensohn und Drecksau, befriedigt sich dabei selbst,
fängt sein Sperma in der hohlen Hand auf. Dann verlangt
er, daß Axel es schlucken soll, der weigert sich, verläßt
fluchtartig den Raum. Auf der Toilette erbricht er sich.

Der Doktor erscheint künftig zu allen Travestieshows,
läßt Axel Blumen schicken, doch wenn er sich im Klub
anmeldet, verlangt er stets einen anderen Gesellschafter.

Axels Tage sind ausgefüllt, über Freizeit verfügt er
kaum. Ein paar notwendige Einkäufe, Treffen mit dem
Pusher, der ihn fast freundschaftlich über das Neueste
vom Drogenmarkt informiert, einige Stunden mit Freunden in Kurts Travestiekneipe.

An seine Mutter denkt Axel selten. Wohl nimmt er sich
vor, ihr zu schreiben, dann läßt er es wieder, ahnend, daß
sie über die Sache in Göttingen schon informiert ist.

Mit seinem Leben ist er wieder recht zufrieden, wären
da nicht die Nierenschmerzen, die immer häufiger auftreten. Schon bei geringen Schmerzen schnupft er Kokain,

raucht eine der Heroin-Zigaretten, von denen er sich immer eine Handvoll in Reserve hält. Einige Male versucht er Blech zu rauchen, also Heroin über einer Alufolie zu erhitzen und einzuatmen, doch dabei spürte er eine zu geringe Wirkung. Alle fünf bis sechs Stunden raucht oder schnupft er Drogen, deren Wahl er je nach seinen bevorstehenden Aufgaben trifft. Sehr genau weiß er, daß Heroin ihn zumacht, Kokain heiter und überschwenglich.

Am ersten Oktober, seinem neunzehnten Geburtstag, schläft Axel bis zum Nachmittag, macht einen Stadtbummel, sitzt in Kneipen und Bars, raucht viel, redet viel, hält seine Bekannten frei.

Am frühen Abend erinnert er sich daran, bei Kurt sein zu müssen, ein Abstecher der Travestiegruppe ist geplant. Er kauft fünf Flaschen Sekt, fährt in Kurts Kneipe, muß dort erfahren, daß die Gruppe ohne ihn abgefahren ist. Axel ist deprimiert, vergießt ein paar Tränen. Er hatte andere Vorstellungen von seiner Geburtstagsfeier. Endloses Händeschütteln, Küsse, Axel – du bist der Beste!

Er fährt in den Klub, trifft dort niemanden an, trinkt auf der Fahrt zwei Flaschen Sekt aus, ist betrunken, als er in der Nacht wieder in einer Kneipe landet. Dort trifft er Winni, den Schwulen, den er flüchtig kennt, der ist in Begleitung von Peggi, einer blonden, grellgeschminkten Frau, die in der Wohnung neben Kurt wohnt. Axel setzt sich zu ihnen an den Tisch, beklagt, daß er zu seinem neunzehnten Geburtstag völlig allein ist. Er tut sich selbst unsagbar leid, ist kaum zu beruhigen. Peggi legt seinen Kopf zwischen ihre Brüste, sagt ihm, daß er nun nicht mehr allein sei. Es hilft tatsächlich, Axel wird übersteigert fröhlich, bestellt, trinkt, bezahlt am Ende die ganze Zeche.

Er fährt mit beiden in ihre Wohnung, dort baden sie zu dritt, küssen und reizen sich. Axel weiß, daß Peggi Sex mit ihm will, eigenartigerweise gefällt ihm diese Forderung, weil ihm Peggis grellgeschminktes Gesicht gefällt. Er bittet sie, sich nach dem Duschen erneut zu schminken, sie tut es, während Axel und Winni sich lieben. Dann verlangt Peggi nach Axel, der gibt sich ungeschickt, doch wollend, erlebt seinen ersten Orgasmus in einer Frau. Doch kaum hat er sich von ihr gelöst, empfindet er Ekel vor ihrer weißen Haut, ihren großen, weichen Brüsten, ihren nassen Schenkeln. Er duscht sich lange, als sei er besonders schmutzig und sieht unbeteiligt zu, wie Winni und Peggi sich miteinander vergnügen. Später hat er Sex mit Winni, assistiert von Peggi. Den Rest der Nacht verschläft er in Winnis Armen.

Am nächsten Morgen weckt ihn heftiger Kopfschmerz. Mühsam steht er auf, begreift nur langsam, was Stunden zuvor geschehen ist. Peggi will ihn küssen, er weist sie ab, trinkt eine Tasse Kaffee, raucht, geht über den Flur zu Kurt. Der steht in Unterhosen in der Küche und schmiert Brötchen. Du bist ein Riesenarschloch, sagt er statt eines Morgengrußes. Axel erwidert nichts, fühlt den Schmerz in seinen Nieren, krümmt sich, fällt auf den Boden, schreit auf. Kurt schüttelt ihn, Axel erbricht sich, schleppt sich ins Bad. Während Kurt den Küchenboden wischt, schnupft Axel Kokain, hat Mühe dabei, seine Bewegungen zu koordinieren. Nach einer Viertelstunde ist er ruhig.

Bei einem Treffen auf dem Bahnhof drängt der Pusher Axel eine kleine Menge LSD auf. Kostet dich fast nichts, sagt er, probier es, vielleicht verschafft es dir eine geile Reise. Am Abend hat Axel eine kurze Auseinandersetzung mit der Roten. Entweder du arbeitest wieder ständig bei mir oder du suchst dir einen anderen Job!

Axel ärgert sich über die Forderung der Roten, doch er schweigt dazu. In der Bar schluckt er eine LSD-Kapsel und kaum eine Viertelstunde später fällt er den anderen durch seine überlauten Reden und seine aggressiven Bemerkungen auf. Er selbst empfindet die Wirkung der Droge als angenehm, glaubt, daß sie ihm zusätzliche Kräfte verleiht.

Auch mit Klaus kommt es zu Auseinandersetzungen. Der fordert, daß Axel die Wohnung verläßt. Kurt dämpft die Forderung, indem er sagt: Demnächst wird er ja gehen! Axel bietet Klaus Paroli, nennt ihn einen Versager, einen Schwätzer. Seine Stimme ist dabei laut, drohend, böse. Die Umstehenden wissen sich Axels Aggressivität nicht zu erklären, er ist als sanft bekannt.

Nach seiner Arbeit im Klub oder seinen Auftritten in der Travestiekneipe wird Axel stets von Verehrern erwartet oder eingeladen. Doch selten geht er mit, da die Verehrer fast ausnahmslos ältere Herren mit gelichteten Haaren und dicken Bäuchen sind. Da er auf ihr Geld nicht angewiesen ist, sucht er sich seine Sexpartner in den Kneipen und Nobelhotels. Jung müssen sie sein, höchstens Anfang zwanzig, groß und schlank, muskulös. Mit ihnen fährt er in die Wohnung des Klubs, vergnügt sich dort einige Stunden, erregt den Neid der anderen Gesellschafter.

In der Nacht vom neunten zum zehnten Oktober 1990 kommt es zwischen der Roten und Axel zu einem Streit, weil Axel ihr den Sex verweigert.

Axel steht unter Drogen, er hat kurz zuvor LSD geschluckt, ist unzurechnungsfähig. Die Rote droht mit Entlassung, wird handgreiflich. Axel wehrt sich, geht auf seinen Gegner los, schreit, steigert sich in seiner Aggressivität. Er wirft Tisch und Stühle um, zertrümmert den Anbauschrank, ist wie von Sinnen. Als die Rote schließlich um Hilfe rufend flüchtet, packt Axel seine Sachen zusammen, verläßt das Haus. Im Laufschritt erreicht er den Bahnhof und verlangt eine Fahrkarte nach Köln.

Köln

Es ist früher Morgen, als Axel durch den Bahnhof von Köln geht. Er fühlt sich matt, Nierenschmerzen deuten sich an, er hat während der Bahnfahrt keine Drogen genommen. Das Menschengewimmel um ihn herum stört ihn, gerne würde er in einem verdunkelten Zimmer liegen, in weichen Betten, nachdenken, träumen, schlafen.

Ein Blick auf die Uhr sagt ihm, daß es noch zu zeitig ist, den Travestieklub zu besuchen. Er hat von dem Klub gehört, weiß, daß sein Name dort Eindruck machen wird. In einem kleinen Café bestellt er sich Tee und Wodka.

Ich bin Axel K., würde er sagen, ich war Conférencier bei Kurt. Ich kann singen, steppen, ich kann die perfekte Frau sein! Und während er an seinem Tisch sitzt, den Schnaps in kleinen Schlucken trinkt, raucht, kommt ihm der Gedanke, was er wohl machen würde, wenn er keine Anstellung im Travestieklub bekäme! Bliebe die Straße, der Strich.

Mein Herr, ich mach's für fünfzig Mark, was immer Sie wollen! Oder Bahnhofsstrich! Er lacht leise auf. Der gefeierte Axel K., Stricher und für jeden Pickligen und jeden Dickbauch zu haben. Der Gedanke erheitert ihn, hat nichts Schreckliches für ihn, er glaubt nicht wirklich daran, daß er Geld auf dem Strich verdienen muß. Ein Kunde bringt fünfzig Mark, rechnet er belustigt, um meine

Drogen zu bezahlen, bräuchte ich achtzehn bis zwanzig Kunden pro Nacht.

Er trinkt den Schnaps mit einem Ruck aus, bestellt einen zweiten, einen dritten. Sie werden sich doch nicht am frühen Morgen betrinken, sagt die Kellnerin. Kakao macht's auch, oder Kaffee oder Limo. Ihr Gesicht sieht so besorgt aus. Axel lacht, zahlt, gibt ihr zehn Mark Trinkgeld. Dann geht er auf die Toilette, sieht auf dem Gang eine Menschenansammlung, hört aufgeregte Stimmen. Ein Mädchen liegt auf den feuchten Fliesen, windet sich in Krämpfen mit offenem Mund und angstvoll aufgerissenen Augen. Ihr blondes Haar klebt an der schwitzigen Stirn, der enge Rock ist hochgerutscht und läßt ihren winzigen Slip sehen. Man muß die Polizei holen, hört Axel einige Leute sagen, das ist eine Dirne, eine Drogenabhängige, vielleicht hat sie Aids.

Die Toilettenfrau steht neben dem Mädchen, die Hände in den Hüften. So geht das Tag und Nacht, keift sie, unsereinem wird zu wenig bezahlt, doch den Dreck von denen da müssen wir wegmachen. Passanten gehen gleichgültig vorbei, wollen das Mädchen nicht sehen.

Axel drängt sich durch die Gaffenden, beugt sich zu der Krampfenden, sieht Einstichstellen auf dem Handrücken und weiß die Ursache der Krämpfe. Das geht schon okay, hört er sich plötzlich sagen, ich kenne sie, sie ist meine Nachbarin, sie kriegt epileptische Krämpfe. Ein dicker Mann weist mit seinem Krückstock auf die zerstochenen Hände des Mädchens. Verarschen können wir uns alleine, schnauzt er, ins Kittchen mit der Göre, und die Eltern dazu. Unsere Steuergelder sind es, die solch ein Kroppzeug verbraucht. Beifälliges Gemurmel, dann erscheinen zwei Polizeibeamte. Sie ist meine Nachbarin, wiederholt Axel hastig, ich bringe sie nach Hause, ich rufe ein Taxi.

Die Beamten sind froh über diese Lösung, helfen, das

Mädchen vor die Halle zu tragen. Wenn die mir die Polster vollkotzt, zahlst du, sagt der Fahrer böse zu Axel. Der nickt, dann fahren sie los. Wohin, weiß Axel nicht, er rüttelt das Mädchen, fragt nach der Adresse, sie sagt sie, leise und unzusammenhängend.

Das Auto hält vor einem grauen Würfelbau. Tannen im Vorgarten, ein Messingschild an der Holztür: Dr. H. J., Rechtsanwalt. Eine Frau öffnet, schreit entsetzt auf, schlägt die Hände vors Gesicht. Ein Mann folgt ihr, läuft rasch auf das Auto zu. Wir sind die Eltern, sagt er hastig, dann tragen sie das Mädchen ins Haus.

Axel sieht sich im Zimmer um. Ein Teddybär mit großen, dunklen Knopfaugen auf dem Bücherregal, Poster von Gorbatschow und Tina Turner, weiße Möbel mit bunten Kissen drauf, Blumen.

Die Mutter zieht das Mädchen aus. Sie heißt Tina, sagt sie weinend, ist sechzehn. O mein Gott, warum strafst du uns so!

Axel geht mit dem Vater ins Wohnzimmer. Der bedankt sich, sagt: Seien Sie unser Gast, so lange Sie es mögen. Dann trinken sie Kaffee.

Vor drei Jahren fing es an, erzählt der Vater, Tina war auf einer Party, da bekam sie Hasch. Bei jeder Party gab es irgendwelche Drogen. Weiche Drogen waren es zunächst. Dann harte. Wir haben nichts gemerkt! Sie ist in der Pubertät, haben wir gedacht, da verändern die Kinder sich ja. Unsere Tochter nimmt keine Drogen, haben wir uns eingebildet, unsere Tina nicht. Warum auch, sie hat doch alles. Wir haben ihr ein schönes Zuhause geschaffen. Aber dann haben wir Tina von der Polizei abholen müssen. Es war schrecklich! Das geschah öfter. Alles, was wir taten, war umsonst. Wir haben ihr Geld gegeben, damit sie sich Heroin kaufen konnte. Sie sollte nicht auf den Strich gehen müssen, verstehen Sie?

Der Mann springt auf, verläßt den Raum, kehrt nach einer Minute wieder. Axel sieht, daß seine Augen rot und feucht sind. Entschuldigen Sie, sagt er verlegen, setzt sich, raucht hastig. Manchmal hätte ich Lust, meine Tochter zu töten! Sie zu erschießen, zu erstechen. Ich will sie vor dem bewahren, was da noch auf sie zukommt. Verstehen Sie daß? Ja, sagt Axel hilflos, ich meine – ich glaube – ich weiß es nicht!

Die Mutter kommt, sagt, daß Tina schläft, setzt sich zu ihrem Mann. Dann wollen sie von Axel hören. Der erzählt, daß er Partner in einem Geschäft sei, aus Ostdeutschland stamme, seine Mutter in Wittenberg habe. Die Mutter von Tina weint, sagt, daß die doch gewiß stolz auf ihren Sohn sei. Axel hebt die Schultern, sagt vorsichtig: Ich weiß nicht.

Er will gehen. Da protestieren die beiden, meinen, daß Tina sich noch bedanken müsse, wenn die Wirkung der Medizin eingetreten sei. Als Axel nach dem Namen der Medizin fragt, schweigen sie verlegen.

Tina erscheint nach kurzer Zeit. Ihr Gesicht ist blaß, das Glitzern in den Augen verrät Axel, daß sie unter Drogen steht. Sie gibt ihm die Hand, küßt ihn auf die Wange, sagt: Hallo. Ihre Stimme ist verzögert, ihre Bewegungen sind es auch. Sie zieht Axel in den Garten.

Du hast mich vor dem Knast gerettet, sagt sie, die Bullen hätten mich hoppgenommen. Der Knast ist die Hölle, weißt du. Ich wäre echt kaputtgegangen. Ich war zwei Tage clean. Was das einbringt, hast du gesehen.

Axel nickt, er weiß es nur zu gut. Ich muß gehen, sagt er, ich habe eine Verabredung.

Am Tor hört er Tinas Stimme. Du darfst mich ficken! Einhundert Mark! Vorzugspreis! Axel geht, hört die Pforte hinter sich zuschlagen und Tinas schrilles Lachen.

Die Begegnung mit der Drogenabhängigen hat Axel nervös gemacht. Den Gedanken, daß er im Grunde ein Leidensgefährte von Tina ist, schiebt er jedoch von sich.

Er will das Erlebnis vergessen, konzentriert sich auf seinen Besuch im Travestieklub.

Das Haus ist unansehnlich grau, der Geschäftsführer nervös. Axel K., sagt er, ich habe von dir gehört, du kannst sofort anfangen. Ein pickliger Junge führt Axel in eine kleine Kammer im Dachgeschoß. Deine Wohnung, sagt er grinsend. Eine Liege, ein Tisch, ein Schrank. Die Gardinen vor dem kleinen Fenster sind gelb. Die Toilette ist unten im Klub, ebenso die Dusche.

Axel setzt sich auf die Liege, raucht. Die Begegnung mit Tina geht ihm nicht aus dem Kopf. Er denkt an die verzweifelten Worte des Vaters: Am liebsten würde ich sie töten ... Er schließt die Augen und denkt verwirrt, daß dann auch seine Mutter das Recht habe, ihn zu töten ...

Am Abend hat er seinen ersten Auftritt. Die Bühne ist klein, kaum zwei mal zwei Meter, die Tische der Gäste reichen an sie heran. Die Luft ist voller Tabakrauch, der Staub schwirrt im Scheinwerferkegel. Axel hat sich sorgfältig geschminkt, als er auf die Bühne tritt, steht er unter Kokain. Er gibt sich sexy, seine Lieder sind frivol.

Er singt, dem Publikum gefällt es, es klatscht laut und lange, dann ist Axels erster Auftritt beendet. Der Geschäftsführer ist begeistert, sagt: Nenn mich Lütti, so dürfen nur meine Freunde mich nennen, dein Zimmer brauchst du nicht zu bezahlen.

Axel könnte zufrieden sei, ist es nicht, weil er weiß, daß der Klub nur eine primitive Absteige ist. Nach seinem Auftritt mischt er sich unter die Gäste, man reißt sich um seine Gesellschaft, will mit ihm trinken, tanzen, flirten.

Gegen Mitternacht kommt Lütti, sagt: Tisch neun, vierzehn, drei. Axel weiß, was gemeint ist, tänzelt zu den Tischen, setzt sich einem Freier auf den Schoß, fragt: Was bin ich dir wert? Der Mann, groß und dünn, drückt ihn, sagt: Siebenhundert! Dann gehen sie in die Dachkammer, in der es heiß und die Luft stickig ist. Auch den zweiten Freier befriedigt Axel, der dritte ist inzwischen so betrunken, daß er schlafend in eine Taxe gehoben werden muß.

Nach Klubschluß duscht Axel sich lange, geht in seine Kammer, räumt die Spuren seiner Besucher beiseite. Vor den spermagefüllten Kondomen ekelt er sich, auch vor der Liege, die noch nach Schweiß riecht. Er setzt sich auf den Fußboden, legt den Kopf gegen den Schrank, schläft ein.

Am nächsten Vormittag fährt Axel zum Bahnhof, er braucht Drogen, vor allem LSD, das er täglich nun nimmt. Mehrmals geht er vor dem Bahnhof auf und ab, so, als würde er jemanden erwarten. Er sieht verwahrloste Jugendliche, alte Penner, Wermutsbrüder, Nutten. Im Bahnhof ist es nicht anders, um die Polizeibeamten macht er einen großen Bogen, obwohl es für ihn keinen Grund gibt, das zu tun. Einen Ausweis hat er nicht, das wäre ein Grund, doch er ist modisch angezogen, erweckt eher den Eindruck eines jungen, dynamischen Manager-Eleven.

Nach einigen Stunden gibt er seine Beobachtungen auf, er weiß, daß die Dealer erst nach Einbruch der Dunkelheit in der Szene auftauchen, dann, wenn es auch die Abhängigen tun.

Einen Taxifahrer bittet er, ihn in eine gute Schwulenkneipe zu fahren. In dieser Kneipe lernt er Karl-Friedrich kennen, einen Intellektuellen, der um seinen Beruf ein Geheimnis macht. Er ist jung, kaum dreißig, lebt allein in einem Appartementhaus in der Innenstadt. Nach einem kurzen Gespräch in der Kneipe fahren sie in die Wohnung. Sie duschen, dann sitzen sie auf dem Balkon, genießen die milde Oktobersonne.

Wir alle sind krank, sagt Karl-Friedrich, doch wir leben mit unserer Krankheit. Krankheit, lieber Arschficker, ist

Leben außerhalb der Grenze der Anpassungsfähigkeit! Er macht eine Pause, holt seinen Penis unter seinem Bademantel hervor, massiert ihn. Er wird nie die Schleimhaut eines Rectums berühren, sagt er zärtlich, nie die einer Vagina! Verstehst du mich, Unsauberer!

Axel ist von dem seltsamen Gerede verwirrt, sagt: Nein, nicht ganz, erhebt sich, will gehen. Karl-Friedrich hält ihn zurück. Du bist in diesem scheußlichen Stricherladen, sagt er, in diesem ekelhaften Puff. Du erniedrigst dich, und bald wird man dich meiden, weil du unrein bist. Und noch bevor Axel etwas erwidern kann, zieht Karl-Friedrich ihn an eine der Türen, die vom Wohnzimmer abgehen, schließt sie auf, schiebt Axel hinein. Der erschrickt, bleibt stehen, hört Karl-Friedrichs leises Lachen, dann seine Stimme, die plötzlich wie die eines Beschwörers klingt.

Hier sind meine Bräute! Ohne Schleimhäute und Schleim und Blut sind sie und ohne die Gefahr des tödlichen Erregers! Axel sieht lebensgroße Puppen in liegender, sitzender, hockender Stellung. Einige tragen Büstenhalter und Spitzenslips, einige sind nackt, in ihren Vaginalöffnungen stecken Dildos. In sie fließt mein Sperma, flüsterte Karl-Friedrich, legt sich auf eine der Puppen, dringt stöhnend in sie ein.

Panik erfaßt Axel, er läuft aus dem Zimmer, rafft seine Sachen vom Stuhl, verläßt die Wohnung, läuft ein Stockwerk tiefer. Dort zieht er sich an, fühlt sein Herz bis zum Hals klopfen. Der spinnt, sagt er wütend, als er auf der Straße steht, bei dem sind alle Räder ab!

Am Abend verlangt sein Publikum einen Strip von ihm. Axel zieht sich Stück für Stück aus, steht nackt auf der Bühne, man greift nach ihm. Dann trinkt er mit den Freiern, kassiert sein Honorar. In der Dachkammer ist er nicht bei der Sache, er muß an die Worte des Irren denken, findet sie plötzlich zutreffend. Was, wenn er sich mit der tödlichen Seuche infiziert, gezwungen ist, die Prostitution aufzugeben, kein Geld mehr zu haben? Wovon die Drogen bezahlen, die pro Tag zwischen sechshundert und neunhundert Mark kosten? Die Puppen des Karl-Friedrich tragen keine Erreger in sich, aber sie sind Plaste, ohne Arme, die umfassen können, ohne Lenden, die zustoßen und ausweichen können.

Der Hinweis Karl-Friedrichs, daß er in einer gewöhnlichen Kneipe arbeitet, läßt Axel nicht in Ruhe. Er weiß, daß es sich in der Szene herumspricht, und er weiß, daß die feinen Herren mit den dicken Bäuchen und Brieftaschen ihn dann nicht mehr anrühren werden. Ich muß weg, weiß er, doch wohin, weiß er nicht.

Er ist fast zwei Wochen in dem Travestieklub, da lernt er Rocky kennen, einen leichtgewichtigen Jockey. Du hast mehr drauf, sagt der zu Axel, das hier ist nichts für dich. Und er ist es, der Axel einen neuen Job verschafft. Ein Männerpuff, sagt Rocky, doch einer von der vornehmen Sorte. Lütti ist betrübt, versucht, seinen Star zu halten, doch Axel geht nach einer Abschlußvorstellung.

Das Bordell liegt an der Stadtgrenze, es ist für Kenner eine gute Adresse, die vorwiegend von Stammkunden angefahren wird. Der Geschäftsführer ist groß, dunkelhaarig, muskulös, ein gepflegter Typ. Axel stellt sich vor, weiß, daß er sich in den anderen verlieben wird, findet, daß der Name Rex zu ihm paßt.

Im Penthouse wird Axel ein Zimmer angeboten. Es ist groß, mit Telefon, Bad und einem französischen Bett. Die Decke ist verspiegelt, raffinierte Beleuchtung sorgt für eine geheimnisvolle Atmosphäre.

Rocky ist sein erster Kunde. Sie duschen sich, lachen, balgen sich am Boden, dann bietet Rocky Hasch an. Harmlos sagt er, Partykraut, das schadet dir nicht.

Axel wird hellhörig, erfährt, daß Rocky harte Drogen

nimmt; Heroin, Kokain, auch LSD. Das Geld ist knapp, jammert der, als Jockey bin ich out, ich tauge nur noch dazu, geile Weiber an die Hengste zu lassen. Er weint, dann berichtet er, wie es Frauen mit den Hengsten treiben.

Das Geld, das sie mir geben, setz ich gleich um, verstehst du? Sonst gehe ich kaputt. Ehrlich! Er weint wieder, dann lieben sie sich, und Axel ist froh, einen vertrauenswürdigen Gleichgesinnten gefunden zu haben. Rocky ist es auch, der Axel mit einem Dealer zusammenbringt. Sein Deckname ist Löwe, obwohl er klein ist, eine Glatze hat und eine Falsettstimme. Sie treffen sich in einem Park, eine Kneipe lehnt der Löwe ab, ich will sehen, was auf mich zukommt, sagt er.

Axel erfährt von ihm, daß er selbst einige Jahre an der Nadel gegangen hat, fast clean ist und sich mit dem Dealergeld eine neue Zukunft aufbauen will. Einen Kiosk, schwärmt der Löwe, ich will Zeitungen verkaufen und Zigaretten und heiße Würstchen. Eine Frau will ich und drei Kinder.

Den neuen Job mag Axel, auch seine Kunden, die ihn gut bezahlen. Sein Gefühl für Rex ist von Stunde zu Stunde gewachsen, er ist irrsinnig vor Verlangen nach dem Mann. Doch alle seine Versuche, sich Rex deutlich zu erklären, ignoriert der. Für Axel ist das ein Grund, seinen Drogenkonsum zu erhöhen. Er erwägt, sich das Leben zu nehmen, die Schuld dafür Rex anzulasten. In einem Brief will er es der Welt erklären: Seht her, er hat meine Liebe zurückgestoßen, ich sehe im Leben keinen Sinn mehr! Rocky lacht ihn aus.

Am dreiundzwanzigsten Oktober hat Axel einen Treff mit dem Löwen verabredet. Er wartet bis zwei Stunden über den Termin, der Dealer erscheint nicht. Axel wird unruhig, fürchtet, von Fahndern beobachtet zu werden, verläßt fluchtartig den dunklen Park, glaubt sich verfolgt. Er wechselt zweimal das Taxi, läßt sich zum Bahnhof fahren in der Hoffnung, dort etwas über den Löwen zu erfahren.

In einer Kneipe trinkt er Sekt, raucht, mustert die Vorübergehenden, spürt, wie die Übelkeit in ihm aufsteigt. Er will sich erheben, schwankt, stürzt zu Boden, ringt nach Luft, hat Todesangst. Gäste setzen ihn auf einen Stuhl, der Wirt reicht ihm Wasser, fragt besorgt, ob er einen Krankenwagen rufen soll. Axel verneint hastig, zahlt, geht, setzt sich vor dem Bahnhof auf eine Bank, atmet gierig die feuchte Abendluft.

Nach wenigen Minuten ist der Anfall vorüber, geblieben sind die Nierenschmerzen und ein dumpfer Druck im Kopf. Ein junger Mann in Lederjacke bleibt breitbeinig vor ihm stehen. Du bist ein Kaputter? fragt er lauernd. Axel holt tief Luft: Hau ab, sagt er böse, hau bloß ab, Mensch! Der Mann geht achselzuckend.

Axel weiß, daß der Mann ein Dealer hätte sein können, ebensogut aber auch ein Zivilbeamter der Drogenfahndung. Er steht auf, da sieht er Tina, die Drogenabhängige. Du kannst mich immer noch bumsen, sagt sie, heute mach ich's für fünfzig, weil du mein Retter bist. Sie drückt Axel auf die Bank zurück, nimmt seine Hand, führt sie unter ihren kurzen Rock. Ich trage keinen Slip, sagt sie, wenn du willst, setze ich mich auf dich!

Angewidert zieht Axel seine Hand zurück. Ich hab keinen Bock auf dich, sagt er kurz, ich bin ein Schwuler, und ich fühl mich beschissen, weil mir der Stoff fehlt. Tina sagt eine Weile nichts, dann nur: Das ist der blanke Wahnsinn! Axel steht auf. Ich muß, sagt er, ich bin ohnehin zu spät. Ich kann dir Stoff besorgen, flüstert Tina hastig, gleich und preiswert und ohne Risiko.

Ohne zu überlegen, gibt Axel ihr fünfhundert Mark. Was du kriegst, sagt er, dann sieht er Tinas schmale Gestalt davonhuschen. Der Gedanke, daß sie mit dem Geld verschwinden könnte, kommt ihm nicht. Er sieht auf die Uhr, weiß, daß Rex schon auf ihn wartet, wünscht sich, daß noch kein Freier nach ihm gefragt hat.

Tina kommt zurück. Ich hab es, flüstert sie, zieht Axel mit sich. Sie verlassen den Vorplatz, klettern über einige Mauern, einen Bauzaun, dann stehen sie vor einem kleinen Abortwagen mit einem ausgeschnittenen Herzen in der Tür. Scheißegal, sagt Tina zitternd. Sie zwängen sich in das Innere, setzen sich auf den Abort. Tina erhitzt Heroin in einem Löffel, zieht die Flüssigkeit in eine Spritze. Axel staut ihr den Oberarm, sieht zu, wie Tina auf Anhieb eine Vene findet, in sie hinein langsam die Droge spritzt. Dann atmet sie auf, lehnt sich an Axel, der einen Joint raucht.

Ich bin echt kaputt, sagt Tina, ich weiß es. Das Geld für den Stoff zu besorgen ist Scheiße. Ich hab Schulden! Der Dealer will an meine Eltern ran! Das ist ihr Ende!

Axel drückt sie wortlos an sich, er hat keine Lust zu reden, fragt aber doch: Du gehst auf den Strich?

Tina nickt: Logisch! Biene Tina nennt man mich. Ich mach's auch ohne Kondom. Scheiße, ich weiß, aber so kriege ich immer ein paar geile Böcke. Wenn's mich erwischt, mach ich mit zwanzig den Abgang. Krieg ich kein Aids, verpasse ich mir irgendwann den letzten Schuß!

Sie weint, Axel läßt sie gewähren, spürt, wie die Schmerzen seinen Körper verlassen, die Gedanken leicht und weit werden und schläft ein.

Eine grobe Stimme weckt ihn. Penner verfluchte! Drogenpack, elende Scheißer, haut ab, bevor ich euch die Bullen auf den Hals hetze! Ein Bauarbeiter steht vor dem Abortwagen, auf dem Kopf einen Helm, in der Hand eine Rolle Klopapier. Nicht mal in Ruhe scheißen kann man, brüllt er, schert euch vom Bauplatz!

Verstört und zitternd verlassen Tina und Axel den Wagen, klettern über den Bauzaun, hören noch lange das Geschimpfe des Bauarbeiters.

Es war echt schön mit dir, sagt Tina, küßt Axel auf den Mund, dann verschwindet sie im Passantengewimmel.

Axel fährt mit dem Taxi ins Bordell, er fühlt sich elend. Der Schreck sitzt ihm noch in den Gliedern, er hat Furcht vor einer Auseinandersetzung mit Rex. Er kommt ungesehen ins Haus, duscht sich, beschließt, den Tag über im Bett zu bleiben. Zu Axels Überraschung sagt Rex nur: Kann vorkommen, hättest anrufen sollen!

In der Bar versucht Axel mit Rex zu flirten, der weicht seinen Blicken aus. Axel ist verzweifelt, er will den schönen Mann haben, bis jetzt hat er noch jeden bekommen. Und je länger er dort sitzt und ihn anschaut, desto bewußter wird ihm, daß Rex etwas Besonderes ist. Er ist kein Typ wie Jo, der ihm schmeichelte, er ist anders als alle, die er hatte. Er fühlt sich ihm unterlegen, warum, weiß er nicht. Der Gedanke deprimiert ihn.

Ich möchte mit dir schlafen, Rex, wahnsinnig gern möchte ich es! Ein flüchtiges Lächeln erscheint auf dessen Gesicht. Sehr deutlich hört Axel: Nie mit Personal. Axel ist den Tränen nahe. Er rutscht vom Hocker, läuft in sein Zimmer, packt seine Sachen zusammen, ruft ein Taxi. Zum Bahnhof, sagt er dem Fahrer. Ich muß sofort nach München!

Er kauft sich auf dem Bahnsteig eine Zeitung und liest uninteressiert, daß die vom 24. Oktober 1990 stammt.

München

Auf dem Bahnhofsklo in München lernt Axel den krausköpfigen Karsten kennen. Du bist kein Stricher, sagt der
mit Kennerblick zu Axel, du bist was Besseres. Karsten
ist seit fünf Jahren Stricher, seine Heimat ist der Bahnhof. Ich bin siebzehn und total versaut, bekennt er. Ich
fixe, sonst mache ich einen Abgang.

Sie setzen sich in eine Kneipe, Axel bestellt, fragt nach
den gängigen Schwulenkneipen. Ich kenne mich aus,
sagt Karsten, war mal da und da, doch immer bin ich
rausgeflogen. Stricher und Junkie, das geht nicht zusammen, denken die Freier. Echt Scheiße! Nach einer Weile
geht Axel, läßt den Krausköpfigen zurück, der ihm lange
und bewundernd nachblickt.

Die Stadt interessiert Axel nicht, er hat es eilig, eine
Schwulenkneipe zu finden, einen Freier, ein Bett für die
Nacht. Karstens Worte klingen ihm im Ohr, er weiß wohl,
daß ein drogenabhängiger Stricher kaum noch Freier findet.

Er geht in eine Kneipe, sie ist verräuchert, laut und gemütlich. Der Wirt ist bärtig, dickleibig, seine Augen blik-
ken sehr wach. Du suchst einen Job? fragt er Axel, der
nur wortlos nickt. Versuch dein Glück, sagt der Wirt, ich
hoffe, daß du sauber bist und mir meine Gäste nicht ver-
saust! Axel antwortet rasch, daß er okay sei, dann geht
er ins Klo, schnupft Kokain. An seinem Tisch trinkt er

eine Maß Bier, hält Ausschau nach Freiern. Einige Male tanzt er mit älteren Herren, die ihn küssen, abtasten, doch dann wieder wortlos zum Tisch bringen.

Es ist Mitternacht, als die Kneipentür aufgestoßen wird, ein Dutzend Polizisten in den Raum stürmen. Razzia, ruft einer von ihnen. Niemand darf das Lokal verlassen! Axel erschrickt, er ist ohne Ausweispapiere, in seinen Taschen hat er einige Gramm harter Drogen.

Die Polizisten besetzen die Türen, sammeln die Ausweise der Anwesenden ein. Ich hab keinen Ausweis mit, stammelt Axel, ich habe ihn vergessen, einfach vergessen! Der Wirt sieht mit bösem Gesicht zu ihm rüber, sagt laut: Sakra!

Aber eine Adresse haben Sie doch, sagt der Polizist, schreiben Sie die auf, wir überprüfen sowieso alles.

Axels Hände zittern so, daß er Mühe hat, den Kugelschreiber zu halten. Ohne viel zu überlegen schreibt er die Adresse des Bordells in Hamburg auf. Ich bin nur mal kurz hier, sagt er verlegen, morgen reise ich wieder ab!

Der Polizist nickt verständnisvoll, verschwindet mit dem Zettel im Nebenzimmer.

Ich geb ein Bier umsonst, ruft der Wirt in den Raum, auch die Herren Polizeibeamten sind eingeladen!

Die Gäste rufen verhalten Hallo, die Polizisten zucken bedauernd mit den Schultern.

Ihr habt den Mörder von dem Schauspieler noch nicht gefangen? fragt laut der Wirt.

Noch nicht, antwortet knapp einer der Polizisten.

Axel trinkt das kalte Bier, bildet sich ein, gleich in das Nebenzimmer gerufen zu werden. Sie sind an der angegebenen Adresse nicht gemeldet, wird man ihm sagen und dann auch das Rauschgift finden. Zwei Jahre Knast wird es geben, schießt es ihm durch den Kopf. Zwei Jahre Zelle mit irgendwelchen Ganoven, keine Drogen, die verfluchten Nierenschmerzen. Dann schon lieber krepieren, nimmt er sich vor, bei der erstbesten Gelegenheit. Die Drogen einfach schlucken, irgendetwas würde passieren.

Ein Beamter verteilt die Ausweise, dann ruft er: Axel K. Der steht auf, die Knie zittern ihm, die Übelkeit steigt bis in den Hals, er möchte brechen, würgt, die Tränen steigen ihm in die Augen. Sie dürfen das Bier nicht so kalt trinken, sagt der Beamte mitfühlend und reicht Axel den Zettel zurück. Pfüa Gott miteinand!

Die Beamten verlassen die Kneipe, die Gäste atmen auf, der Wirt stellt die Musikbox auf volle Lautstärke.

Axel wankt aufs Klo, erbricht grünen, stinkenden Mageninhalt, dann fühlt er sich wohler. Über der Feuerzeugflamme erhitzt er Heroin, kratzt den Belag vom Löffel, schüttelt ihn vorsichtig in den Tabak, inhaliert tief den Rauch, stößt ihn durch die Nasenlöcher wieder aus. Spürt, wie er langsam ruhig wird, findet das Razzia-Erlebnis fast amüsant. Und plötzlich spürt er einen dumpfen Druck im Kopf, fühlt kalten Schweiß auf seiner Stirn, kann seine Hände nicht mehr bewegen. Er stöhnt angstvoll auf, will rufen, hört nur sein Stöhnen, dann eine Wasserspülung rauschen, sieht undeutlich Gesichter über sich, dann verliert er das Bewußtsein.

Als er erwacht, ist es halbdunkel um ihn. Er erhebt sich, sein Körper schmerzt, als seien alle Knochen gebrochen! Im Kopf spürt er wieder den dumpfen Druck. Er blickt sich um, sieht, daß er in einem Keller ist. Regale rundherum, gefüllt mit Flaschen und Büchsen. Nur undeutlich erinnert er sich an die Vorgänge in der Nacht. Leise schleicht er aus dem Keller, läuft über einen kleinen Hof, erreicht aufatmend die Straße. Eine Ladenuhr zeigt die erste Mittagsstunde an. Axel fährt zum Bahnhof, wäscht sich auf der Toilette, wirft seinen beschmutzten Slip in den Abfalleimer. Dann schließt er sich ein, raucht, fühlt seine Kräfte zurückkehren.

Am späten Nachmittag lernt er in einer Kneipe einen dreißigjährigen Mann kennen, der sich Cäsar nennt. Er ist groß, schlank, mit gelichtetem Haupthaar. Seine Garderobe ist vom Feinsten, das sieht Axel sofort. Fünfhundert, sagt Cäsar, fünfhundert, wenn du machst, was ich will. Axel steigt in den blauen BMW, schweigend fahren sie durch den dichten Stadtverkehr, halten in einem Garten, vor einem Flachbau mit grauem Edelverputz.

In das Hausinnere kommt Axel nicht, Cäsar führt ihn in die Sauna, die unter der Garage eingerichtet ist. Zieh dich aus, bittet er, küßt Axel, ist zärtlich zu ihm. Dann baut er eine Kamera auf, bietet Sekt an, badet Axels Penis darin. Axel wird unruhig, hat noch immer keine Vorstellung, was Cäsar von ihm verlangt. Die Kamera deutet einiges an, doch nur bei Aufnahmen wird es nicht bleiben, weiß er mit einiger Sicherheit. Nach einigen Minuten betritt eine Frau die Sauna, sie ist jung, schwarzhaarig, nackt. An der Leine führt sie eine gefleckte Dogge. Cäsar krault dem Hund den mächtigen Kopf. Er soll dich bespringen, flüstert er heiser, so wie er meine Frau bespringt. Wir wollen es sehen, lieber Freund! Er nähert sich Axel, der erschrocken aufspringt, seine Sachen greift. Ihr seid verrückt, stottert er angstvoll, ihr seid verrückt! Er reißt die Tür auf, läuft die Treppe hinauf, hört, wie Cäsar befiehlt: faß ihn! Axel springt über den Zaun, steht auf der Straße, nackt, seine Sachen unter dem Arm.

Niemand sieht ihn in der Dunkelheit, er zieht sich an, ruft von der nächsten Zelle ein Taxi, läßt sich in die Stadt zurückfahren. Er ist wütend, enttäuscht, das Geld hätte er gut gebrauchen können, doch mit einem Hund geschlechtlich zu verkehren, beleidigt ihn.

In einer Schwulenkneipe ißt er eine Kleinigkeit, trinkt eine Maß Bier, kommt dabei mit einem etwa Gleichaltrigen ins Gespräch, der ihn zur Toilette bittet. Axel geht

mit, erfüllt den Wunsch des Mannes, der ihm dafür fünfzig Mark zahlt.

Kurz vor Kneipenschluß lädt ihn ein Freier, ein dicker,
asthmatischer Mann, zu einem Kneipenbummel ein. Axel
lehnt ab, willigt aber dann doch ein, als der Dicke ihm
eine Bleibe in seinem Hotel verspricht.

In der ersten Kneipe trinken sie Bier, der Dicke drängt
zum raschen Aufbruch, sagt, daß er vorhabe, alle Schwulenkneipen in dieser Nacht zu besuchen. Es sei eine
Wette, und Wetten seien dazu da, um gewonnen zu werden. In der zweiten Kneipe lernt Axel den Griechen kennen, einen großen, athletischen Mann mit braunem Teint
und schwarzen Haaren. Der Grieche sagt: Nenn mich nur
Grieche, meine Freunde dürfen das. Der Grieche ist Ma-
nager der Kneipe, er hat nichts dagegen, daß Axel als
Stricher arbeitet. Du kannst bei mir pennen, sagt er, und
Axel ist glücklich darüber, auch weil er weiß, daß er mit
dem Griechen Sex haben wird.

Der Dicke ist ungehalten, er beschimpft Axel, nennt
ihn einen Verräter und gewöhnlichen Arschficker. Zwei
Kellner setzen ihn vor die Tür; dort randaliert er weiter.
Erst als sich ein Polizeiauto mit heulender Sirene nähert,
verschwindet er behende im Dunkel der Nacht.

Als die Kneipe schließt, folgt Axel dem Griechen, der
in einer Wohngemeinschaft ein Zimmer hat. Ich heiße
Trojan von Lechen, sagt Axel ihm unter der Dusche, ich
komme aus der Schweiz. Weiter erzählt er ihm, daß er in
Hamburg geboren sei, es eigentlich nicht nötig hätte, auf
den Strich zu gehen. Aber man müsse als junger Mann
doch Erfahrungen sammeln, und wer weiß, wozu die eines Tages noch gut seien. Seine Drogenabhängigkeit erwähnt er nicht, hält das für ratsam, auch eingedenk der
Warnung des krausköpfigen Karsten.

Am Morgen trifft er eine Frau in der Küche. Sie ist jung,
trägt einen Morgenmantel, ihr Haar hängt strähnig herab.

Wenn du ihn mir wegnimmst, bringe ich mich um, sagt sie drohend, der Grieche gehört mir, sonst niemandem.

Axel verläßt die Küche, erfährt vom Griechen, daß auch die Frau Griechin sei, ihm die Heirat angeboten habe und ihm drohe, sich umzubringen. Sie hat es schon dreimal versucht, sagt er, immer hat sie einen Abschiedsbrief geschrieben. Du bist schuld, Grieche, ich liebe Dich! Sie ist verrückt, sie ist eine verrückte Griechin. Dann geht er in die Küche, schon eine Minute später hört Axel lautes Gezänk, Geschirr splittert, der Grieche verläßt grußlos die Wohnung.

Lange Zeit ist es sehr still. Axel liegt im Bett, raucht, seine Gedanken sind so leicht wie die Tabakwolken. Er bildet sich ein, einen Frosch zu sehen, einen mit einer Krone auf dem Kopf. Der Frosch schwebt zur Decke, kann nicht in den Himmel steigen, bittet: Laß mich doch nicht verrecken – liebe mich, ich will dir auf ewig gehören! Seltsam, denkt Axel, mühsam erinnert er sich an das Märchen vom Froschkönig. Du gehörst in den Brunnen, sagt er laut, jawohl, in den Brunnen, nicht an die Zimmerdecke. Er lacht, plötzlich ist der Frosch weg, doch die Stimme hört er wieder, helft mir, in Herrgotts Namen, helft mir!

Axel versucht zu überlegen, woher er die Froschstimme kennt, die Gedanken drehen sich in seinem Hirn, sind nicht faßbar, er schließt die Augen, fühlt sich in den Schlaf hinübergleiten, hört dumpfe Geräusche aus der Küche. Mühsam und taumelnd erhebt er sich, braucht viel Zeit, bis er in der Küche ist, dann sieht er die Griechin am Boden liegen. Sie ist nackt, ihr Blick flehentlich auf ihn gerichtet, hilf mir, sagt sie schwach. Unter ihrem Oberkörper gewahrt Axel eine Blutlache, die größer wird, ein Messer liegt neben ihrem zerschnittenen Handgelenk.

Ihm wird übel, es würgt ihn. Er will ihr etwas sagen, findet keine Worte, er will aus der Küche stürzen, Hilfe holen, seine Beine gehorchen ihm nicht. An der Wand tastet er sich bis in den Flur, ruft laut um Hilfe, als er die Türen schlagen hört, schleppt er sich in das Zimmer des Griechen, schläft auf dessen Bett sofort ein.

Am späten Abend geht Axel zum Griechen, erzählt die Geschichte der Frau. Sie ist verrückt, sagt der, ich habe es dir gesagt! In dieser Nacht hat Axel zwei Freier, es sind ältere Männer, die ihn in ein Hotel einladen. Er verdient dreihundert Mark, es ist ihm zu wenig, er weiß, daß sein Drogenvorrat zu Ende geht.

Nach den Kunden hat er Lust auf Sex, auf junge, feste Körper. Mit einem Taxi fährt er von Kneipe zu Kneipe, befriedigt sich an drei jungen Männern. In dieser Nacht gerät er vor einer Kneipe in eine Polizeirazzia. Auch diesmal schreibt er die Adresse des Bordells in Hamburg auf, die Beamten haben keine Fragen an ihn, er kann die Kneipe verlassen.

Als er am frühen Morgen in die Wohnung des Griechen kommt, hat er Streit mit ihm. Der Grieche ist mißgelaunt, fordert ihn auf, sich eine andere Bleibe zu suchen. Axel schläft auf einem Stuhl in der Küche, als der Grieche am Vormittag die Wohnung verläßt, legt er sich in dessen Bett. Am Nachmittag duscht er sich, betrachtet sein Spiegelbild. Es gefällt ihm, es zeigt einen großen, schmalen Jungen, mit festen Muskeln und behaarter Brust.

Er fährt zum Bahnhof, er will den Krausköpfigen dort treffen, er braucht harten Stoff. Tatsächlich findet er den Jungen. Er ist in Gesellschaft von einigen Strichmädchen, die sich in einem Bahnhofscafé aufwärmen. Du hast einen schicken Freund, sagt eine von ihnen, für den würde ich auch umsonst die Beine breitmachen. Axel lacht, das Kompliment schmeichelt ihm. Wenn du einen Schwanz hättest, mit Vergnügen, erwidert er, dann geht er mit Karsten davon.

Eine Stunde später hat er den Stoff, er ist zufrieden, fährt mit einem Taxi in eine Schwulenkneipe, stellt fest, daß er kein Geld mehr besitzt. So nimmt er das Angebot eines unrasierten älteren Mannes an, geht mit ihm in dessen Wohnung, befriedigt ihn in Gegenwart seiner Frau, die dabei masturbiert. Ekelerfüllt verläßt er das Haus, doch froh, zweihundert Mark verdient zu haben. Dann sieht er einen Jungen, einen Modellathleten, der zweihundert Mark verlangt. Eine Wohnung habe ich nicht, sagt der, das ist deine Sache.

Axel fährt mit ihm in die Wohnung des Griechen, dort bleiben sie einige Stunden, als der Junge ihn verläßt, ist Axel mittellos. Er schläft wieder in der Küche, hat am Morgen Streit mit dem Griechen, der ihm sagt, daß er ihn nicht mehr sehen will. Sauerei, schimpft der, versauen die Betten, die nicht mal ihnen gehören. Dann geht er grußlos.

Diesmal wagt Axel es nicht, sich in das Bett des Griechen zu legen, er geht in das Zimmer der Griechin, die im Krankenhaus liegt. Er öffnet die Schubladen, sucht Geld, findet keins, legt sich enttäuscht auf das Bett. Am Abend verläßt er das Zimmer der Frau, findet das des Griechen unverschlossen. Auch hier durchsucht er die Schubladen, findet ein Bündel Geld, steckt es ein, verläßt rasch die Wohnung.

Auf dem Weg zum Bahnhof zählt er das Geld, es sind eintausend Mark. Er ist enttäuscht, weiß, daß es höchstens für drei Tage reichen wird. Er kauft eine Fahrkarte nach Frankfurt/Main, weiß, daß es dort ein Männerbordell gibt. Es ist Freitag, der 30. November 1990.

Von Frankfurt/Main nach Wittenberg

Als der Intercity in den Bahnhof von Frankfurt einläuft, ist es früher Morgen. Es regnet. Axel ist in Hochstimmung, er hat im Zug Kokain geschnupft. Die Nässe stört ihn nicht, auch nicht der frische Wind, der energisch große Löcher in die halbhohe Wolkendecke reißt. Die Schaufenster sind vorweihnachtlich geschmückt. Axel steht davor, sieht die bunten Weihnachtspäckchen darin und hat Sehnsucht nach der Mutter. Seine Augen werden feucht und plötzlich spürt er auch die Nässe, schüttelt sich, wischt sich mit dem Taschentuch das Gesicht trocken. Rauchend geht er durch die Straßen, nichts ist von seiner Hochstimmung geblieben, er fühlt sich einsam. Stundenlang durchstreift er die Kaufhäuser. In einem Erotik-Shop kauft er sich einen Sex-Stadtplan, sucht sich die Adressen der Schwulenkneipen heraus.

Mit Einbrechen der Dunkelheit betritt er die erste Kneipe, erlebt dort eine Überraschung. Er sieht Oma an einem Tisch sitzen, in Begleitung einiger Männer. Sie sehen sich einen Augenblick lang an, zweifelnd, ungläubig, dann umarmen sie sich. Axel setzt sich, hört die Namen derer, die mit am Tisch sitzen, vergißt sie wieder. Seine Gefühle über das unerwartete Wiedersehen sind gemischt, lieber wäre es ihm, er hätte Oma nicht getroffen. Der wird von der Zeit aus Hamburg erzählen, befürchtet er.

Ich muß mal auf's Klo, sagt er, Oma folgt ihm.

Ich hab jetzt einen richtigen Job, sagt Oma. Kein Bordell, du verstehst? Richtige Arbeit! Es muß keiner wissen, was vorher war! Abgemacht?

Axel nickt, ist dankbar, bestätigt: Alles okay, Partner!

Sie trinken, erzählen den anderen, daß sie sich mal in Hamburg getroffen und einen flottgemacht haben. Gegen Mitternacht verabschieden sich die Männer.

Ich stell dich Ismail vor, sagt Oma nach einigem Überlegen, er wird nichts dagegen haben, wenn ich dich mitbringe. Ismail hat nichts dagegen. Willkommen, sagt er herzlich, drückt Axel an sich. Ismail ist Türke wie Oma. Friseur, Mitte Zwanzig, ein gutaussehender Mann mit einem gepflegten Oberlippenbart. Die Wohnung ist klein, eine Küche, ein Bad, ein Zimmer, in dem gewohnt und geschlafen wird.

Als Axel duscht, spürt er Ismails begehrliche Blicke, erwidert sie. Du gehst in die Bar nebenan, befiehlt Ismail Oma. Der geht unter Protest. Er ist mein Freund, ruft er laut. Ismail schiebt ihn kurzerhand zur Tür hinaus.

Die nächsten drei Tage bleibt Axel bei Ismail und Oma. Tagsüber schläft er, bummelt durch die Kneipen, nachts schläft er mit Ismail, Oma wird jedesmal für einige Stunden weggeschickt.

Bei seinen Kneipentouren lernt Axel einen langmähnigen Alten kennen. Er ist halb erblindet und sein Gesicht voller Narben. Man nennt ihn nur den Berber. Warum, weiß niemand, nicht einmal der Berber selbst. Er kennt auch nicht sein Alter, mal gibt er es mit achtzig an, mal mit einhundertdrei, für neugierige Touristen steht er im einhundertfünften Jahr. Die Wirte sehen ihn nicht gern, weil er nicht zahlen kann, die Gäste belästigt, wenn er um Bier und Essen bettelt.

Du bist stark, sagt er zu Axel, ich war es auch einmal. Jetzt bin ich ein Wrack und muß betteln. Dann weint er, wischt sich mit seinen schmutzigen Händen die Augen aus, schweigt hartnäckig. In betrunkenem Zustand erzählt er seine Amouren, in denen Scheiche und Prinzen ebenso vorkommen, wie die schönsten Mädchen des Orient. Axel besucht ihn häufig, spendiert ihm Bier und Essen, hört mit Interesse seinen halblauten und undeutlichen Erzählungen zu.

Vormittags, wenn Axel allein in der Wohnung ist und eine Heroin-Zigarette raucht, verwandelt sich der Teppich in einen fliegenden, trägt ihn über die Erdteile und hält auf den Dächern der Sultanspaläste. Er liebt die schönsten Prinzen, nimmt ihre Dankbarkeit und ihre kostbaren Geschenke und gebietet dem Teppich, ihn woandershin zu bringen.

Am dritten Tag ist Axels Drogenvorrat nahezu aufgebraucht. Er raucht nur noch die halbe Dosis, leidet dafür wieder unter ständigen Nierenbeschwerden. Ismail ist es, der ihn an ein Gesellschafter-Team vermittelt. Es ist nicht pompös dort, sagt er fast verlegen, doch Geld verdienen kannst du da allemal.

Noch am gleichen Abend stellt Axel sich im Klub vor. Er lernt Tom kennen, den cleveren Geschäftsführer, der ihm eine Spur zu freundlich erscheint, und die anderen Gesellschafter. Sie sind gesund und drogenfrei, sagt Tom, ich hoffe, daß du es auch bist. Axel bestätigt hastig, daß er es natürlich auch sei.

Der Klub besteht aus wenigen Räumen. In den Schlafräumen der Gesellschafter werden auch die Freier empfangen, eine Bar gibt es nicht, die Jungen sitzen auf einer größeren Couch im Wohnraum und warten, bis ein Freier sie auffordert. Axel findet das Bordell altmodisch, doch wohnlich. Die Arbeitszeit gefällt ihm, sie beginnt wochentags um vierzehn Uhr, endet um dreiundzwanzig Uhr. Am Sonntag beginnt sie um siebzehn Uhr und endet um vierundzwanzig Uhr. Der Freier zahlt sechshundert Mark, davon darf der Gesellschafter vierhundertachtzig Mark behalten. Ein Lederstudio gibt es nicht, der Sex in dem Bordell ist wie die Einrichtung, bieder und hausgemacht. Doch es stört Axel nicht, er ist eher froh, nicht mehr Gewalt beim Sex ausüben zu müssen. Auch Hausbesuche sind üblich, erklärt Tom, die Fahrpreise für die Taxis gehen zu deinen Lasten.

Schon am ersten Abend hat Axel zwei Freier. Einen verschwitzten, hektischen Mann mittleren Alters, der auch beim Sex über die Finanzvorteile bei optimaler Anlageberatung referiert und anschließend versucht, Axel für eine Lebensversicherung zu begeistern. Der zweite Freier ist ein dicker, asthmatischer Kaufmann, der ihm die Vorteile des russischen Kaviar gegenüber dem kanadischen erläutert. Axel muß ihm Herztropfen mixen, die der Dicke hastig schluckt, cyanotisch im Gesicht.

Als Axel sich in dieser Nacht ins Bett legt, ist er müde, doch zufrieden. Er hat fast eintausend Mark verdient, ein Dach über dem Kopf, und er nimmt sich vor, in diesem Bordell längere Zeit zu arbeiten und Geld zu sparen.

Die nächsten zwei Tage vergehen ohne irgendwelche Besonderheiten. Axel schläft bis zur Mittagsstunde, sucht dann eine Kneipe auf, ißt eine Kleinigkeit, schnupft Kokain, bereitet sich auf seine Arbeit vor.

Einmal trifft er Ismail. Der freut sich, ihn zu sehen, lädt ihn in eine Bar ein. Wenn du mal Bedarf an soft drugs hast, sagt er vorsichtig. Axel gibt sich völlig ahnungslos. Kein Bedarf sagt er, wirklich kein Bedarf. Beim Abschied küssen sie sich, dann fragt Axel nach Oma. Ismail zuckt mit den Schultern. Er ist nicht gut auf dich zu sprechen, verstehst du? Er ist eifersüchtig, und eifersüchtige Menschen sind unberechenbar!

In dieser Nacht läßt Axel sich nach Bordellschluß zum Hauptbahnhof fahren. Er will einen Dealer finden, Stoff kaufen, bunkern, seine Vorräte sind aufgebraucht. Auf dem Bahnhofsklo sieht er einen jungen Mann, der sich lange und ausdauernd die Hände wäscht. Er stellt sich neben ihn, fragt leise: Weißt du, wie ich an hard drugs rankomme? Der Mann sieht ihn an, sagt leise: In die Schnauze kannst du was kriegen. Ich hab keine Lust, den Knast von innen kennenzulernen! Er geht, Axel blickt ihm nach, ist sich sicher, daß der Mann ein Dealer ist. Kreuz und quer geht er durch den Bahnhof, beobachtet, wie manches Pack seinen Besitzer wechselt, weiß, daß es sich um weiche Drogen handelt. Er weiß auch, daß Beamte in Zivil die Deals beobachten, doch nicht eingreifen, weil sie auf die Dealer mit den harten Drogen warten. Doch die sind übervorsichtig, erfahren und kaum zu schnappen.

Vor dem Bahnhof sieht er den Mann mit der Lederjacke wieder. Komm mit, sagt der kurz, dann verschwindet er in der Dunkelheit. Axel folgt ihm, unterdrückt mit Macht ein aufkommendes Angstgefühl. Als er an einem Lieferwagen vorbeigeht, öffnet sich die Tür, zwei vermummte Gestalten springen heraus, zerren ihn in das Innere. Axel wehrt sich, umsonst, die Männer sind stärker. Durch das Fenster hört er eine Stimme, die nach seinem Namen fragt. Axel hat die Stimme schon gehört, sie gehört dem Mann mit der Lederjacke. Ich heiße Axel K., sagt er gehorsam, ich bin Gesellschafter, ich bin sauber, ich brauche Stoff! Der Mann verlangt Axels Arme zu sehen, der winkt ab, sagt, daß er nur raucht. Dann muß er im flackernden Schein eines Feuerzeugs einen Joint präparieren, rauchen. Der Mann mit der Lederjacke ist zufrieden, sagt: Ich glaub, daß du okay bist. Axel kauft für dreitausend Mark harte Drogen, handelt den Termin für den nächsten Deal aus. Der Lieferwagen fährt kreuz und quer durch einige Straßen, dann darf Axel aussteigen. Er ist froh darüber, aber noch mehr gefällt es ihm, jetzt wieder einen ständigen Dealer zu haben.

Im Bordell trifft der Tom, der ihn prüfend ansieht und dann sagt: Ich kann hier keinen Ärger gebrauchen! Axel geht ins Bad, öffnet die Fenster weit, sieht die hellerleuchtete Stadt vor sich liegen. Die Nachtluft ist mild und schmeckt ein wenig nach Pfefferkuchen, findet er. Er setzt sich auf das Fensterbrett, stellt sich das Gefühl vor, jetzt fliegen zu können, mit ausgebreiteten Armen und Beinen. In die Fenster der Häuser würde er schauen, die Menschen bei der Liebe beobachten. Oder sie erschrekken. An die Scheiben klopfen, fragen: Bitte, wo geht's denn hier zum Bahnhof?

Er schließt die Augen, stellt sich vor, was geschehen würde, ließe er sich jetzt fallen. Zwanzig Sekunden, vielleicht auch dreißig würde er in die Tiefe stürzen, dann den dumpfen Aufprall seines Schädels auf das Pflaster nicht mehr hören. In dreißig Sekunden könnte ich tot sein, denkt er, alles, was jetzt in mir so wunderbar funktioniert, wäre zerstört. Ich, Axel K., habe die Macht dazu!

Am nächsten Tag hat er einen Hausbesuch zu machen. Ein Taxi bringt ihn in das Randgebiet der Stadt. An der Tür einer Hochhauswohnung läutet er, ein Mann öffnet. Er trägt einen bunten Morgenmantel, die Haare kleben ihm an der schweißigen Stirn, er ist betrunken. Du bist mein Märchenprinz, lallt er, zieht Axel in die Wohnung, zwingt ihn, Sekt zu trinken. Dann weint er, bittet Axel, ihm ein Kind zu machen. Ich bin eine alleinstehende Frau, klagt er, ich verdiene gut, aber ich habe keinen Menschen. Er öffnet Axels Hosen. Mach mir eine Tochter, keucht er, legt sich auf das Sofa, ist in Sekundenschnelle eingeschlafen.

Axel weckt ihn, sagt: Sie müssen bezahlen, gute Frau, sechshundert Mark bekomme ich! Der Mann lacht, steht auf, trinkt Sekt aus der Flasche. Gute Frau, sagt er verwundert, du bist betrunken, Junge, ich bin Dracula, der Scheußliche, der Bluttrinkende. Er versucht, Axel ins

Bein zu beißen, der wehrt ihn ab, hat dabei keine Mühe mit dem Betrunkenen. Ich muß mein Geld haben, sagt er böse. Der Mann schläft wieder ein, alle Versuche, ihn zu wecken, bleiben erfolglos.

So sieht sich Axel in der Wohnung um, vieles wäre da, was er mitnehmen könnte, doch er tut es nicht, ruft ein Taxi, fährt ins Bordell zurück. Tom verlangt seine einhundertzwanzig Mark, was da gelaufen ist oder nicht, ist uninteressant für ihn. Axel ist böse, rechnet seinen Verlust zusammen, er beträgt zweihundert Mark.

Um Mitternacht hat er einen Freier, einen wortkargen, mageren Mann mit schütteren Haaren. Axel findet ihn auf Anhieb unsympathisch, doch er hat keine Wahl, er braucht das Geld. Er bittet den Mann in sein Zimmer, erschrickt, als der sich auszieht. Ein Knochenskelett sieht er, mit Haut überspannt und roten, eitrigen Pickeln.

Der Freier äußert seine Wünsche, Axel zögert, dann erfüllt er sie, mit zwei Kondomen zur Vorsicht. Wortlos geht der Mann, zurück bleibt sein säuerlicher Körpergeruch. Axel lüftet das Zimmer, atmet tief am offenen Fenster, duscht sich lange. Ihm kommt der Gedanke an Aids. Die zunehmenden Aids-Erkrankungen haben ihn nie beunruhigt. Aids ist etwas für Unsaubere, hat er stets gedacht, für Stricher, die sich ihr Geld in den Toiletten verdienen. Er weiß, daß der Virus nur durch Blut oder Sperma übertragen wird.

Axel trocknet sich ab, überprüft seine Hände sorgfältig auf Hautdefekte, atmet erleichtert auf, als er keine findet. Der Gedanke, sich in das Bett zu legen, in dem der Freier gelegen hat, erfüllt ihn mit Ekel. Er zieht sich Gummihandschuhe an, wechselt die Bettwäsche, dann ist ihm wohler.

In der Nacht träumt er von einem Skelett, das auf ihn zukommt, ihn um Liebe bittet, dafür einen Beutel voller Aids-Erreger bietet. Er will den unheimlichen Freier abwehren, doch der ist stärker, drückt ihn zu Boden. Angstvoll reißt Axel die Augen auf, will um Hilfe schreien, sieht Tom über sich, der ihn in die Kissen drückt. Du phantasierst, sagt er kopfschüttelnd, träume gefälligst was Vernünftiges! Dankbar nickt Axel, steht auf, geht aufs Klo, raucht, dann schläft er tief und traumlos.

Tags darauf lernt er James kennen, einen jungen, smarten Amerikaner, der gut deutsch spricht. Du gefällst mir, sagt er zu Axel, ich möchte Sex mit dir. Und wie er da so mit dem Amerikaner steht und den Preis aushandelt, hat er plötzlich das Gefühl, diese Szene irgendwann schon einmal erlebt zu haben. Er bildet sich ein, das Gesicht des Mannes zu kennen, seine behaarten, kräftigen Hände, die schmalen Lippen, den Tonfall seiner Stimme. Auch das Umfeld paßt ins Bild, die altmodische Schrankwand mit der Blumentapete und dem rauchgelben Store vor dem Fenster. Eine Sekunde nur dauert diese Vision, doch Axel kommt sie länger vor, er schüttelt den Kopf, seine Benommenheit zu lösen, so, wie man den Kopf schüttelt, um Wasser aus dem Gehörgang zu entfernen.

Was ist, my boy, fragt James besorgt. Axel lacht, nichts, sagt er rasch, ein black out, nichts von Bedeutung. Er läßt James vorangehen, hört mit Verwunderung von Tom, daß der Amerikaner sich vorher eingehend nach ihm erkundigt hat.

Im Zimmer hat es James nicht eilig. Ich möchte Sekt, sagt er, dich küssen, dich glücklich machen. Zweifach glücklich, du verstehst?

Axel versteht nicht, holt den Sekt, gießt ein, sie trinken, küssen sich, ziehen einander langsam und umständlich aus. Axel ist ungeduldig, fordernd, versteht nicht, weshalb James ihn abwehrt. Davor ein anderes Glück, sagt James geheimnisvoll, öffnet eine kleine Ledertasche, entnimmt ihr eine Kerze, einen Löffel, eine Spritze, ein weißes Briefchen.

Ich mache dir einen glücklichen Schuß! James' Stimme ist leise, weich und beschwörend, sie verfehlt ihre Wirkung auf Axel nicht, der nackt auf dem Teppich hockt. Er hat nichts dagegen, daß der Mann ihm den Arm abbindet, die Nadel vorsichtig und gekonnt in seine Vene sticht. Er hat nur Augen für den Körper vor sich, dessen Muskeln, die sich bei jeder Bewegung unter der gebräunten Haut verschieben.

Gleich wirst du träumen, hört er James' Stimme, sie ist ihm fremd plötzlich und leise, als sei er von dem Mann neben sich durch eine Nebelwand getrennt. Das Denken fällt ihm schwer, seine Gedanken lassen sich nicht mehr fassen, quirlen durcheinander, seine Arme hängen ihm schwer herunter, die Last drückt ihn zur Seite, läßt ihn umfallen. Nur undeutlich spürt er James' Hände an seinem Körper, empfindet dabei geringen Reiz. Nach einigen Minuten kann er wieder denken, ist froh darüber, seine Bewegungen wieder koordinieren zu können, steht mühsam auf. James stützt ihn, küßt ihn, zwingt ihn dann aufs Bett. Er ist behutsam und zärtlich, und als er Axel verläßt, bleibt der in den Kissen liegen.

Auch am nächsten Tag erscheint James. Axel ist glücklich über seinen Besuch, wieder trinken sie Sekt, dann erzählt James, daß er einen jungen Mann kennt, der einst in Hamburg in einem Bordell gearbeitet hat. Und dieser Junge, sagt James im Ton eines Märchenerzählers, war so verliebt in den Geschäftsführer, daß er ihn eines Tages aus Eifersucht mit einer Pistole erschießen wollte. Doch da er zuvor viel Speed geraucht hatte, schoß er daneben... Eine wirklich dramatische Geschichte, mein schöner Freund!

Axel hört zu, ist erstaunt, unsicher, fragt, woher er die Geschichte habe.

James greift nach der Ledertasche, umständlich und zögernd, sagt dann, daß er gern Geschichten sammle.

Am liebsten solche, in denen hübsche Jungen und weißes Pulver vorkämen.

Du weißt es von Oma, sagt er schnell.

James beginnt, Axel zärtlich zu streicheln. Was soll's, sagt er sanft, ob Oma oder der liebe Gott – ich weiß es eben!

Auch diesmal setzt Axel dem Amerikaner keinen Widerstand entgegen, läßt ihn gewähren, spürt die Nadel in seine Vene eindringen, das Gefühl, in einen Brunnen voller Watte zu stürzen.

Er hört nicht, wie James das Zimmer verläßt, er schläft lange und tief, und als er aufwacht, fühlt er sich, als habe man ihn gesteinigt. Nie wieder einen Druck, schwört er sich, nie wieder, nicht von James, von niemandem mehr!

Am Abend fährt Axel zum Bahnhof, er braucht neuen Stoff. Es dauert lange, bis er den Mann mit der Lederjacke sieht. Er nickt ihm zu, sieht, daß dessen Gesicht keine Regung zeigt. Eine Stunde später trifft er ihn auf der Toilette. Wie letztens, sagt der knapp und geht. Axel folgt ihm langsam, steigt in das Lieferauto, das gleich anfährt, einige Straßen weiter hält. Für dreitausend, sagt Axel, dann fragt er: Kennst du einen Amerikaner, der James heißt?

Der Mann mit der Lederjacke ist ärgerlich. Mich interessieren keine Namen, sagt er, und wenn du lange leben willst, dann halte dich auch daran!

Axel geht zum Bahnhof zurück. Er schließt sich auf einer der Toiletten ein, wickelt und präpariert eine Zigarette, raucht hastig, auf der Klobrille sitzend. Vom Nebenklo her hört er rhythmisches Keuchen, gestammelte Worte. Als er die Kabine verläßt, sieht er ein Paar, das aus der Nebenkabine kommt. Die Frau ist um die Vierzig herum, elegant, trägt einen Pelzmantel, der bis zum Hals geschlossen ist. Der Mann neben ihr ist ein verwahrloster Trinker, der wieder in die Kabine zurückschwankt. Die Nächste bitte, sagt er rülpsend.

Die Frau geht eilig die Treppen hinauf, die verwunderten Blicke der Männer stören sie nicht. Axel geht langsam durch einen der Ausgänge, sieht hinter einem Pfeiler die Frau im Pelzmantel stehen. Sie raucht, im schwachen Schein der Zigarettenglut sieht Axel für den Bruchteil einer Sekunde kostbare Ringe an ihren Fingern.

Ich gebe dir hundert Mark, wenn du mich ohne Kondom vögelst, sagt sie leise zu Axel, oder hundertfünfzig!

Er bleibt stehen, schüttelt den Kopf. Nichts zu machen, sagt er belustigt, ohne Kondom schon gar nicht!

Die Frau knöpft hastig den Mantel auf, reißt ihn auseinander. Sie ist nackt, Axel sieht ihre großen, schweren Brüste, ihre weißen Schenkel. Es ist kalt, sagt er, machen Sie den Mantel zu, Sie werden sich erkälten. Die Frau tut es, zischt wütend: Du sollst mich vögeln, du kleine Sau, ich will es so! Axel lacht laut auf, geht an ihr vorüber, sagt dabei: Ich kann nicht, meine Gute! Ich kriege meinen Schwanz nur bei Männern hoch.

Im Bordell wartet Tom auf ihn, er ist ärgerlich. Ein Freier wartet auf dich, sagt er. Wenn du es nicht nötig hast, Geld zu verdienen, kannst du dich ja in den verdienten Ruhestand versetzen lassen!

Sein Freier, der Junge vor ihm, ist größer als Axel, auf siebzehn schätzt er ihn, höchstens achtzehn. Ich heiße Roy, sagt der schüchtern, ich kann bezahlen. Roy zieht ein Bündel Geldscheine aus der Tasche, reicht es Axel. Der ist immer noch unentschlossen. Scham ist in ihm, es mit einem Jüngeren zu treiben.

Toms ärgerliches Räuspern gibt den Ausschlag. Gehen wir, sagt Axel, bittet den Jungen in sein Zimmer.

Roy zieht sich aus, hastig und ungeschickt, dann steht er verlegen da. Unter der Dusche greift er nach Axel, entschuldigt sich, sagt: Ich bin zum ersten Mal hier – du verstehst?

Axel nickt wortlos, dann küßt er den Jungen, erst macht er es, weil er dafür bezahlt wird, dann steigt die Lust in ihm hoch, läßt ihn vergessen, daß sein Freier jünger ist. Danach liegen sie auf dem Bett, rauchen. Leise und stockend erzählt Roy, daß er sich immer geschämt habe, ein Schwuler zu sein. Die Eltern – Geldleute und auf die öffentliche Meinung angewiesen – seien immer bestrebt gewesen, die „Abartigkeit" ihres Sohnes zu vertuschen. Er weint. Axel tröstet ihn, sagt, daß es ihm ähnlich gegangen sei. Dann gehen sie auseinander.

Als der knochige Freier mit dem Hautausschlag kaum eine halbe Stunde später um Axels Gesellschaft bittet, lehnt der ab. Tom ist böse, redet von Staralüren und davon, für Axel künftig nur Prinzen und Fürsten zu bestellen. Der winkt ab, geht in sein Zimmer, legt sich aufs Bett und nimmt beglückt Roys Körpergeruch auf den Kissen wahr.

Am nächsten Vormittag geht er durch die Stadt, bildet sich ein, daß die nach Weihnachten riechen würde. In einer Boutique kauft er ein schwarzes Seidenhemd, er kauft es für Roy, der ihm versprochen hat, wiederzukommen. Er freut sich darauf, ihn wiederzusehen.

James ist wieder da. Hallo, sagt er, will mit Axel allein sein. Dem ist es nicht recht. Einen Druck lehnt er ab. Ich will nicht, sagt er kühl. Auch James' Umarmung bedeutet ihm nichts, der geht schließlich, ärgerlich und mit kurzem Gruß.

Wenig später im Wohnzimmer sieht er die Gesellschafter auf der Couch sitzen, rauchend, schwatzend. Es ist absolut blöde hier, sagt Axel laut. Wenn ich ein Freier wäre – hier würde ich nie herkommen! Einen Augenblick lang ist es sehr still im Raum, dann sagt Tom beleidigt: Mach doch was, du Angeber! Mach ich, antwortet Axel leichthin, mach ich!

195

Am nächsten Vormittag besucht er verschiedene Boutiquen, kauft Dessous, in Spezial-Shops Schuhe, Hosen aus Seide, Gummi, Lack. Den ganzen Nachmittag über schminkt er sich, schneidet Grimassen vor dem Spiegel, hört Musikkassetten, tanzt danach. Nach einigen Stunden ist er mit sich zufrieden. Abends präsentiert er sich den Gesellschaftern.

Ich strippe hier – ich strippe da, singt er mit rauchiger Stimme, wirft dabei ein Kleidungsstück nach dem anderen auf seine Zuschauer. Die klatschen begeistert, auch Tom: Du bist nicht zu unterschätzen.

Die abendlichen Einlagen sprechen sich in Windeseile herum. Schon am frühen Nachmittag treffen die ersten Freier ein, wollen Axel sehen. Der enttäuscht sie nicht, zeigt sich ihnen am Schluß der Show nackt. Öfter als einmal gibt es Unstimmigkeiten unter den Freiern, wer mit Axel als erster aufs Zimmer gehen darf. Siebenhundert Mark nimmt er dafür, sie werden gezahlt.

Nach einer Show bricht Axel bewußtlos zusammen, liegt einige Stunden in seinem Bett, unfähig zu begreifen, was um ihn herum geschieht. Undeutlich sieht er Toms Gesicht, hört seine Fragen, versteht sie nicht. Am Morgen erwacht er aus seinem Dämmerzustand, hat Mühe, sich gedanklich und räumlich zu orientieren.

Tom bringt ihm ein Frühstück, fragt besorgt nach Axels Zustand. Es geht gut, sagt der mit schwerer Zunge, spürt heftige Nierenschmerzen, die ihm fast den Verstand rauben. Er wartet ungeduldig darauf, daß Tom geht, dann raucht er eine Heroin-Zigarette. Dankbar spürt er die Wirkung, schläft für eine halbe Stunde ein.

Nachdem er geduscht und angezogen ist, geht er die Treppe hinunter, öffnet eine Tür, wundert sich, wie klein das Wohnzimmer geworden ist. Erst die Stimme der Putzfrau, die ihn fragt, was er in der Besenkammer suche, bringt ihn zur Besinnung. Da ergreift ihn die Angst, den Verstand verloren zu haben, Atemnot überfällt ihn, er stürzt zum Aufzug, fährt ins Erdgeschoß, läuft auf die Straße, nach Luft ringend. Er spürt den Regen nicht, der kalt auf ihn prasselt. Den böigen Wind empfindet er als angenehm. Die neugierigen Blicke der Passanten sieht er nicht, er weiß nicht einmal, daß er eine kurze Seidenhose und ein T-Shirt trägt. Er läuft den Bürgersteig entlang, die Arme hochgereckt, als könnten die Hände es nicht erwarten, die Regentropfen zu berühren. Der Mund ist weit geöffnet, voller Wasser, das er gierig schluckt.

Einige hundert Meter weiter sieht er ein Licht in der grauen Dämmerung, läuft darauf zu, hört plötzlich quietschende Reifen, wütende Stimmen, begreift, daß er in der Mitte einer Straßenkreuzung steht. Erschrocken springt er zurück, hört die Passanten sagen, daß der halbnackte Bengel da besoffen oder lebensmüde sei. Da weiß er, was geschehen ist, beginnt zu frieren, die Zähne schlagen aufeinander. Im Laufschritt erreicht er sein Haus, stellt sich in den nassen Sachen unter die Dusche, dreht den Heißwasserhahn auf. Anschließend sitzt er bewegungslos auf seinem Bett, rekonstruiert das Geschehene, weiß, daß die Drogen die Ursache dafür sind. Wieder einmal versucht er zu beten, hat es aber nicht gelernt. Hilf mir, sagt er, das Wort Gott mag er nicht aussprechen, es ist ihm zu fremd.

An diesem Abend zeigt er seine gewagteste Show, genießt den Beifall, verspricht den Freiern einmalige Erlebnisse. Doch bevor er mit einem Freier in sein Zimmer geht, betreten zwei Dunkelhäutige den Raum. Axel sieht sie mit Tom reden, dann eine Handbewegung, die auf ihn weist.

Wir wollen wissen, ob du ein Bekannter von James bist, fragt einer der beiden. Warum, will Axel wissen, doch eine Antwort bekommt er nicht. Ja, sagt er dann ungeduldig, ich kenne ihn, was ist mit ihm? Die Gesichter der Schwarzen sind plötzlich freundlich. Na also, sagt einer, James bittet dich, bei ihm einen Hausbesuch zu machen.

Axel geht mit ihnen, ungern und mit einem Gefühl, das ihn zur Vorsicht mahnt. Er steigt in ein Auto, duldet, daß man ihm eine schwarze Binde über die Augen legt. Vorschrift, sagt einer der Schwarzen, der Boss will es so! Sie fahren durch die Innenstadt, Axel nimmt nur helle Lichtreflexe wahr, die beiden Dunkelhäutigen reden kein Wort. Nach einer Weile hört Axel Kies unter den Reifen knirschen, er wird aufgefordert, auszusteigen. Die Binde darf er abnehmen, neugierig blickt er sich um, sieht eine hell beleuchtete Villa vor sich, dahinter hohe Bäume.

Seine Begleiter drängen ihn die breite Treppe hinauf. In einem großen Raum sitzen mehrere Personen, Männer, es mögen wohl fünfzehn sein. Sie stehen in Gruppen, rauchen, trinken, lachen. Axel sieht ihre schwarzen Anzüge, ihre weißen Hemden, hört fremde Akzente und weiß, daß er mit Sicherheit nicht als Teilnehmer dieser Herrenparty geladen ist. Dann sieht er James, auch der trägt feierliches Schwarz.

Hallo, boy, sagt er gedämpft, es ist gut, daß du gekommen bist!

Die Männer schweigen jetzt, sehen auf Axel, der verlegen und ratlos in der Mitte des Raumes steht. Er bildet in seiner seidenen, knappen Gesellschafterkleidung einen seltsamen Kontrast zu den Anzügen der Anwesenden.

My boy, sagt James, wir kennen dich genau, wissen, daß du zuverlässig bist, kein Betrüger, Stoff brauchst. Wenn du für uns dealst, soll es dein Schade nicht sein! Wenn du es nicht willst, werden wir dir zu einem Ja helfen müssen. Also?

Es ist sehr still in dem Raum. Axels Gedanken überschlagen sich. Dealen will er nicht, auf keinen Fall will er das. Am Ende steht der Knast für die Verkäufer. Die

Bosse werden nie geschnappt. Fliehen möchte er, doch die Ausgänge sind besetzt, Männer mit unbewegten Gesichtern stehen dort. Für wenige Augenblicke glaubt er in einem Traum zu sein oder in einem Film. Ein Krimi, wie es sie damals zu Hause immer kurz vor Mitternacht gab. Schöne Menschen in eleganten Kleidern und dicken Autos, smarte Detektive, gewohnt, mit jeder kritischen Situation fertig zu werden. Und plötzlich steigt die Angst in ihm auf, er spürt seinen Hals eng werden und seinen Mund trocken.

Ich will nicht, stammelt er, bringt mich wieder zurück!

Auf eine Handbewegung von James nehmen zwei Männer ihn in ihre Mitte, führen ihn aus dem Raum. Sie drängen ihn durch eine Tür, Axel hört James Stimme:

Dort bleibst du, bis du einverstanden bist. Wenn nicht, werden wir dich zwingen!

Axel sieht sich in einem kleinen Wohnzimmer, die Fenster sind vergittert, eine Flucht ist ausgeschlossen. Er setzt sich, raucht, versucht zu überlegen. James hat ihn angemacht, sollte ihn ans Drücken gewöhnen. Wenn er es geschafft hätte, hätte er ihn auch zum dealen überredet. Von James droht Gefahr, weiß er, doch jetzt ist es zu spät, ihr auszuweichen. Oma ist schuld, denkt er verzweifelt, dieser verdammte Türke, oder Ismail, oder der Dealer mit der Lederjacke? Eine Stunde sitzt er da, eine zweite, eine dritte. Er hat keine Zigaretten mehr, die Nierenschmerzen setzen ein, als untrügliches Zeichen, Entzugserscheinung. Er weiß, daß James ihn kirre machen will.

Auf dem Bett liegend verliert er jedes Zeitgefühl. Ab und zu hört er lautes Männerlachen, Musikfetzen. Axel spürt die Nierenschmerzen heftiger werden, sie strahlen in den Bauch- und Brustraum aus. Jedesmal, wenn der Krampf kommt, winkelt er die Beine an, drückt die Fäuste gegen die Bauchdecke, muß daran denken, daß er in Mutters Bauch auch so gelegen hat. Der Gedanke tröstet ihn, läßt ihn für Minuten seine Schmerzen vergessen.

Er weiß nicht, wann er James' Stimme hört, er glaubt zu träumen, fühlt sich von starken Händen hochgehoben, auf die Beine gestellt. Es ist tatsächlich James, der vor ihm steht. Schwankend, mit blassem Gesicht, ein Sektglas in der Hand. Er zerrt Axel auf die Terrasse, der sieht, daß die Männer sich im Kreis um sie stellen.

Also, was ist? fragt James drohend.

Nein, schreit Axel laut, nein, verflucht noch mal! Laßt mich in Ruhe!

James wirft sein Glas in hohem Bogen über die Terassenmauer. Na gut, du willst es nicht anders, sagt er fast gleichmütig.

Die Männer gehen. Axel atmet erleichtert auf, da spürt er die Fäuste seiner Bewacher, die ihm die Sachen vom Körper reißen, ihn zu Boden zwingen. Und plötzlich sind die Männer wieder da, sie tragen schwarze Umhänge, bilden erneut einen Kreis um ihn. Axel will entsetzt aufschreien, da stülpt man ihm eine dicke Stoffkapuze über den Kopf, er wehrt sich mit aller Kraft – umsonst.

Es dauert wohl über eine Stunde, da haben sich die Männer am kraftlosen Körper des liegenden Axel befriedigt. Lachend verlassen sie die Terrasse. Es sind vierzehn! Die Bewacher tragen Axel in das Zimmer, das er schon kennt, duschen ihn ab, legen ihn auf das Bett, entfernen sich.

Er wimmert vor Schmerzen, krümmt sich, steht mühsam auf, findet die Türen unverschlossen. Dann sieht er James vor sich, der ihm einen Joint gibt.

Wir können die Prozedur wiederholen, sagt er brutal, jetzt gleich, wenn du es willst.

Ich mach's ja, wenn du es willst, stammelt Axel verängstigt, ich will's ja wirklich machen!

James' Gesicht ist plötzlich sehr freundlich, fast besorgt. Okay, sagt er, du wirst es nicht bereuen.

Axel legt sich aufs Bett, raucht gierig, versucht zu überlegen, es gelingt ihm nicht. Er spürt nicht mehr, daß ihm jemand den glimmenden Joint aus der Hand nimmt. Ohne Unterbrechung schläft er zwölf Stunden hintereinander. Als er aufwacht, schreit er vor Schmerzen auf. Er findet den angebrannten Joint im Aschenbecher, raucht, versucht, seine Gedanken zu ordnen. Die Zimmeruhr zeigt die sechste Abendstunde an, draußen ist es dunkel, der Wind treibt schwarze Regenwolken über den Himmel. Axel atmet gierig die feuchte Luft, dann zieht er sich einen Bademantel an, verläßt leise das Zimmer. Im Korridor begegnet ihm niemand, das große Zimmer ist schwach beleuchtet. In einem der hohen Sessel sitzt ein bärtiger Mann und hört Orgelmusik. Bach, sagt er leise, die Toccata und Fuge in d-moll. Ich habe Herrn Professor Collum in der Kirche zu Reinhardts-Grimma auf einer Silbermann-Orgel Bach spielen hören. Ich habe geweint!

Der Mann dreht sich um, Axel geht aus dem Zimmer, hat an der Sprache erkannt, daß der Mann Italiener ist. Als er die Stimme von James hört, öffnet er eine Tür, schlüpft in den Raum, schließt die Tür hastig. Er will dem Amerikaner nicht begegnen, den er für den Schuldigen an seiner gegenwärtigen Lage hält. Nur zu gut weiß er, daß der aber kommen und sagen wird: Hier ist der Stoff, in drei Tagen wird abgerechnet.

Axel sieht sich um, er ist in einer Küche. Hinter einem Tisch sitzt eine alte Frau und schält Kartoffeln, aus einem der Töpfe auf dem Herd steigt wohlriechender Dampf. Ich habe Hunger, sagt er, seit gestern nichts gegessen. Die Alte steht auf, stellt belegte Brote auf den Tisch, wortlos, ohne auch nur einmal den Blick zu heben. Axel setzt sich, ißt, sagt mit vollem Mund: Ich bin hier nicht zu Haus, wissen Sie! Die haben mich hergeholt! Ich wollte nicht! So ist das! Da blickt die Frau auf, in ihrem Gesicht ist ein Schimmer von Freundlichkeit. So, sagt sie, dann ist es gut! Axel klopft sich die Brotkrümel vom Bademantel, steht auf, fragt: Können Sie mir sagen, wo ich hier bin? Die Alte schält weiter Kartoffeln, schweigt, als habe sie Axels Frage nicht gehört. Der geht, legt sich in seinem Zimmer auf das Bett, überlegt.

Er weiß, daß man ihn spätestens morgen wieder in die Stadt zurückbringen wird. Versehen mit knallharten Instruktionen, Androhungen und dem Stoff. Er versucht, sich vorzustellen, wo er seinen Dealerplatz bekommen würde. Am Bahnhof mit dem Lederjackenmann als Nachbar oder Aufpasser? Im Bordell? Sicher nicht, da waren Drogen unerwünscht. Egal, wo er stehen wird, eines Tages werden ihn die Bullen greifen und in den Knast stecken. Und da wird es keine Drogen geben, weiß er, die Schmerzen werden ihn plagen bis zum Wahnsinn. Er richtet sich auf, als bekäme er keine Luft mehr, weint, die Fäuste vor die Augen gepreßt.

Auch den nächsten Tag verbringt er in seinem Zimmer. Ein schweigsamer Mann in schwarzem Anzug stellt ihm die Mahlzeit auf den Tisch, geht grußlos wieder davon. Einige Male hört Axel Motorengeräusche und Männerstimmen, lautes Lachen und das Klirren von Gläsern aus dem großen Zimmer.

Als es dunkel wird, tritt James in Axels Zimmer. In den Händen hält er Axels Sachen und ein Päckchen.

In einer Stunde bringen wir dich zurück, sagt er. In dem Päckchen ist Stoff für zwanzigtausend Mark. Du weißt, was du zu tun hast?

Axel nickt wortlos und mit trotzigem Gesicht.

Wir finden dich überall, sagt James im Hinausgehen.

Beim Anziehen zittert er vor Erregung, dann sitzt er rauchend im Sessel, als er ein Auto vorfahren hört, stürzt er nach draußen. Wieder sind es die beiden Dunkelhäutigen, die ihn begleiten. Wieder werden ihm die Augen verbunden.

Die Rückfahrt dauert ihm viel zu lange, er hat so etwas wie Sehnsucht nach dem Bordell, nach seinem Zimmer mit dem Ausblick über die Stadt, sogar nach den anderen Gesellschaftern.

Dann sieht er Tom wieder und die anderen, und Axel erlebt eine Riesenüberraschung. Heute abend geht es rund, sagt Tom, wir haben viele Anmeldungen für dich. Er hat keine Frage zu Axels dreitägigem Fehlen, auch die anderen nicht. Sie tun, als sei er soeben aus seinem Zimmer gekommen, nie fortgewesen. Axel ist unsicher, ratlos, dann verzweifelt, fragt: Hat denn niemand bemerkt, daß ich drei Tage nicht hier war? Er schreit es fast, sieht die unbewegten Gesichter der Gesellschafter, hört Toms ärgerliche Worte: Zieh hier keine Show ab, Sonnyboy!

Axel stürzt aus dem Zimmer, läuft die Treppen hinauf, wirft sich auf sein Bett. Die sind verrückt, schreit er in die Kissen, dann beruhigt er sich, wickelt sich eine Zigarette, raucht, auf dem Fensterbrett sitzend. Und wie er da so sitzt und über die hellerleuchtete Stadt schaut, überkommt ihn eine fast heitere Ruhe. Er blickt in den Himmel, der frei von Wolken ist, sieht die Sterne, und da fällt ihm ein Lied ein, das er oft mit der Mutter gesungen hat.

Eine Weile überlegt er, summt dann das Lied, singt den Text, leise zunächst, dann lauter: Weißt du, wieviel Sternlein stehen an dem hohen Himmelszelt . . . Und obwohl er das Lied seit vielen Jahren nicht mehr gesungen hat, fällt ihm der Text Wort für Wort und Strophe für Strophe ein. Singend sieht er sich im Garten stehen, an der Hand der Mutter, und in den Himmel blicken, hört die Mutter sagen, daß der helle Stern dort links oben der Stern des Großvaters sei, der seit einigen Jahren unter der Erde liege.

Axels Tränen verzischen in der Glut der qualmenden Zigarette.

In dieser Nacht stript er vor einem begeisterten Publikum, befriedigt drei Freier, nimmt fast zweitausend Mark ein. Bevor er schlafen geht, öffnet er das Päckchen von James, entnimmt ihm ein Packen Heroin, den Rest verstaut er unter der Matratze. Im Traum sieht er sich von James verfolgt, der auf einem Stern sitzt und nach seinem Geld ruft.

Ein Bummel durch die Innenstadt beschäftigt Axel am nächsten Tag. Es macht ihm Spaß, in die Schaufenster zu schauen, kaufen will er nichts. Er besucht ein Restaurant, ißt und trinkt ausgiebig und vom Feinsten, belohnt die Kellner mit reichlich Trinkgeld, freut sich an deren devoten Dankesgesten. Am Nachmittag entnimmt er dem Drogenpäckchen einen weiteren Packen, raucht, Gewissensbisse hat er nicht.

Kurz vor seinem Abendstrip wird er per Telefon in ein Frauenbordell gerufen. Er empfängt die Nachricht mit gemischten Gefühlen. Die Nutten haben eine Weihnachtsfeier, sagt Tom grinsend, sie sind scharf auf dich, Sonny!

Die Bar in dem Bordell ist für den Publikumsverkehr geschlossen, an den Tischen sitzen die Huren und ihre Zuhälter. Die Stimmung ist ausgelassen, man klatscht, als Axel den Raum betritt. Wir wollen einen anständigen Schwanz sehen, sagt eine blonde Frau laut, die mickrigen Würmer der Kunden hängen uns wirklich zum Halse heraus! Die Frauen lachen, Axel lacht mit. Hinter der kleinen Bühne zieht er sich um.

Im schwachen Licht eines Scheinwerferkegels tanzt er, läßt seine winzigen Hüllen fallen, steht nackt da, sich rhythmisch bewegend. Die Frauen klatschen begeistert, werfen Geldscheine und Blumen auf die Bühne. Bleib bei uns, rufen sie ihm zu, sei unser Gast! Doch Axel lehnt ab, er fühle sich plötzlich nicht wohl, sagt er, geht in das Managerbüro, sein Honorar in Empfang zu nehmen. Er erschrickt, als er den Mann sieht, weiß sofort, woher er ihn kennt. Der gehörte zu den Gästen in der Villa. Ich will mein Geld, sagt er, bemüht, unbefangen zu erscheinen. Der Mann lächelt, fragt, wieviel schon von dem Heroin verkauft worden sei.

Nichts, sagt Axel störrisch, rein gar nichts! Er habe noch keine Zeit gehabt, schließlich müsse er Geld verdienen.

Der Mann lächelt immer noch, doch das Gesicht sieht böse dabei aus. Kein Geld für den Strip, sagt er fast leise, dann steht er auf, tritt vor Axel hin. Wir lassen nicht mit uns spaßen, flüstert er, dann schiebt er Axel zur Tür hinaus.

Axel ist ängstlich und wütend und unentschlossen. Der Gedanke, auf dem schnellsten Weg die Stadt zu verlassen, kommt ihm nur flüchtig, wohin sollte er auch, er ist in den Großstädten Deutschlands schon zu bekannt.

In den nächsten drei Tagen geschieht Seltsames. Alle Freier, die Axel mit ins Zimmer nimmt, entpuppen sich als Vertreter der Drogenorganisation. Wieviel hast du verkauft, fragen sie ihn, dann verlangen sie Sex von ihm, zahlen nicht. Ein Freier gibt ihm den dringenden Rat, seinen Verpflichtungen schnellstens nachzukommen. Sonst bist du alle, sagt er sehr ernst.

Seine Angst betäubt Axel mit dem Stoff aus James' Päckchen. Er hat aufgehört zu zählen, für wieviel Heroin er bezahlen muß, weil er weiß, daß er das Geld nie zusammenbekommt.

An einem der nächsten Tage nimmt er sich frei, besucht einige Schwulenkneipen. Er will andere Menschen kennenlernen, auf andere Gedanken kommen, dadurch seine Angst abbauen.

Er lernt den bärtigen Bernd kennen. Der erzählt, daß er ein Single sei, natürlich schwul und auch zuhören könne.

Quatschen auch, doch das nur, wenn es erwünscht sei. Der Wirt schaltet die Weihnachtsbaumbeleuchtung ein, sagt lachend, daß in einer Woche Weihnachten sei und darum müsse er den Preis für den Schoppen und die Maß erhöhen. Die Gäste protestieren, prosten sich zu, singen: heile, heile, Gänschen . . . Bernd singt mit, Axel hört seine angenehm tiefe Stimme, hat plötzlich den unbezwingbaren Wunsch, ihm seine Geschichte zu erzählen. Ihm alles zu erzählen, offen und ehrlich, auch die Sache mit James und die seiner Drogensucht, die er nicht mehr beherrschen kann.

Ich muß dir etwas erzählen, sagt er hastig, es ist alles schlimm, weißt du, ich glaube, daß ich bald kaputt bin.

Bernd erwidert nichts, senkt den Kopf über das Glas, als könne er dann besser zuhören.

Und Axel erzählt. Stockend zunächst, dann flüssiger, manchmal macht er kleine Pausen, trinkt, zieht an der Zigarette. Der Bärtige unterbricht ihn kein einziges Mal.

Ich will weg von dem Zeug, sagt Axel laut und erregt, ich will, ich will! Er beißt die Zähne zusammen, um nicht losweinen zu müssen.

Die Gäste singen: Geh'n wir mal rüber zu Schmidt seiner Frau . . .

Bernd legt seine Hand auf Axels Hand, läßt sie dort liegen, sagt: Morgen gehst du zur Drogenberatung. Du brauchst einen Therapieplatz, mußt raus aus dem Scheißmilieu! Wenn die dich nicht nehmen, kommst du zu mir.

Als Axel später die Kneipe verläßt, weiß er, daß Bernd Sozialarbeiter ist, wo er wohnt und daß er bereit ist, ihn zur Entgiftung aufzunehmen. Nach dem Gespräch ist ihm sonderbar leicht zumute, er pfeift, singt . . . heile, heile Gänschen . . . und erntet dafür Toms Kopfschütteln.

Am nächsten Vormittag besucht er die Drogenberatung.

Kleine Zimmer, große Plakate, mannshohe Stöße von Handzetteln. Der Geruch nach Papier, Bohnerwachs und kaltem Tabakrauch.

Ich möchte mich beraten lassen, sagt Axel zu einer jungen Frau, die ihn fragend ansieht. Die schickt ihn in eins der kleinen Zimmer, schließt die Tür hinter ihm, sagt: der zuständige Berater kommt gleich.

Der ist ein Mann mit grauem Haar und grellbuntem Schlips. Wir kennen uns noch nicht, sagt er, vielleicht ist das gut so! Er lacht darüber.

Axel lacht nicht, er sagt ungeduldig: Ich bin drogenabhängig, ich brauche einen Therapieplatz, ich möchte ins normale Leben zurück!

Der Mann nickt, als habe er keine andere Forderung erwartet, sagt behutsam: Ein verständlicher Wunsch, ich muß dir sagen, daß ich ihn nicht erfüllen kann. Viele Abhängige sind entwöhnungswillig, die Plätze reichen nicht. Wie lange hängst du an der Nadel?

Axel steht auf. Ich hänge nicht, sagt er wütend, ich rauche. Danke für die Auskunft. Er dreht sich um, verläßt rasch das Zimmer. Auf der Straße schimpft er laut, nennt die Drogenfritzen „Scheißkerle", die keine Ahnung haben.

Als er ins Bordell kommt, ist er immer noch ärgerlich, dann sieht er etwas, das ihn seinen Ärger vergessen läßt. Auf der großen Couch im Wohnzimmer sitzen Jungen, die er noch nie gesehen hat.

Wer seid ihr? fragt er verblüfft.

Gesellschafter, sagt einer von ihnen lakonisch, wir sind Gesellschafter und du mußt Axel sein.

Wo sind die anderen, will der wissen; ich meine die, die bis heute nacht hier waren?

Tom kommt herein, sagt: Kümmere dich nicht um meine Dinge.

Axel geht, wirft sich auf sein Bett. Ich muß blöde sein,

sagt er laut zu sich. Axel K., du bist blöd, die anderen sind es nicht!

Die nächsten drei Tage vergehen ohne irgendwelche Besonderheiten. Normale, zahlende Freier werben um Axel, der seine Strip-Show allabendlich durchführt. Seinen Drogenkonsum hat er nicht eingeschränkt, raucht öfter, sich dabei einredend, daß es der Schmerzprophylaxe diene. Das Wissen um die Existenz von Bernd und dessen Bereitschaft, ihm bei der Entgiftung behilflich zu sein, gibt ihm Ruhe.

Da taucht an einem Abend James auf. Axel erschrickt, als er ihn sieht, will sich entfernen, doch Tom schickt ihn zurück. Du bist ein Scheißkerl, sagt James böse, wir hätten dich fertigmachen sollen! Er drängt Axel in dessen Zimmer, ohrfeigt ihn, will wissen, wieviel Heroin er umgesetzt habe. Einen Teil, lügt Axel zitternd, ich habe nicht viel verkauft! Er gibt James seine Ersparnisse, der zählt, sagt: Viertausend ist nicht genug. Übermorgen ist der Rest fällig, sonst greifen wir dich! Dann geht er, läßt die Tür offenstehen. Axel hört seine Schritte im Flur verhallen.

Er dreht sich einen Joint, verschüttet Tabak, setzt sich in die Toilette, raucht. Und mit jedem Atemzug wird die Angst in ihm größer, er hört James' Stimme, sonst greifen wir dich, er weiß, was das bedeutet, er weiß auch, daß es noch schlimmer kommen kann, als er es erlebt hat.

Verzweifelt überlegt er, hört nicht die schleichenden Schritte vor der Toilette, sieht sich plötzlich Tom und den anderen Gesellschaftern gegenüber. Rasch wirft er den Joint in das Toilettenbecken, stammelt: Ich habe nur diesmal, wirklich nur diesmal!

Toms Stimme ist scharf. Hau hier ab, du verdirbst unseren Ruf, mit Drogenabhängigen wollen wir nichts zu tun haben!

Die Jungen nicken, murren, einer sagt: Auf den Bahnhof gehörst du!

Fassungslos rennt Axel in sein Zimmer, wirft seine wenigen Sachen in die Reisetasche, verläßt das Haus. Er rennt zum nächsten Taxistand, setzt sich in ein Auto, sagt: Fahren Sie los! Nach zehn Minuten läßt er halten, steigt in eine Straßenbahn, hält zitternd vor Angst Ausschau nach eventuellen Verfolgern. Mit einem anderen Taxi fährt er zu Bernds Wohnung, klingelt lange. Bernd erscheint im Bademantel, führt den Zitternden in die Wohnung.

Ich hab gewußt, daß du kommst, sagt Bernd, ohne Überraschung zu zeigen. Sie gehen in die Küche, Bernd kocht Kaffee, Axel raucht, beruhigt sich langsam.

Alles ist schiefgegangen, sagt er. Einen Therapieplatz für mich gibt es nicht. James war da. Er hat mich geschlagen, er will übermorgen wiederkommen, er wird mich fertig machen. Die Jungens haben mich beim Rauchen erwischt. Scheiße, verdammte Scheiße! Er schlägt mit der Stirn auf die Tischplatte. Ich hab Angst vor den Schmerzen, Bernd! Tut es sehr weh?

Der gießt Kaffee ein, weiß sehr wohl, daß es wehtut, sagt fast gleichgültig: Irgendwo und irgendwie zwickt es immer. Mach was! Hast du noch Stoff?

Axel schüttelt verwirrt den Kopf. Unter der Matratze liegt er, ich schwöre, da liegt das Zeug! Er trinkt den heißen Kaffee, fragt: Was passiert jetzt, Bernd?

Na ja, sagt der bedächtig, du gehst in die Kammer, schwitzt das Zeug aus, kommst raus und hast die Chance, clean zu werden. Ob du es schaffst, ist deine Sache. Wichtig ist, daß du ißt, was ich dir reinstelle! Essen mußt du, sonst schaffst du es nicht! Daß die Geschichte lebensgefährlich ist, habe ich dir schon in der Kneipe erzählt. Er steht auf, schiebt das Geschirr zusammen, sagt kurz: Komm!

Axel folgt ihm in den Flur, sieht in eine kleine Kammer, in der Rollschränke stehen. In der Ecke liegen Matratzen und ein Steppdecke, daneben steht ein Eimer, halb mit Wasser gefüllt. An der Decke baumelt eine Kugelleuchte, die nur schwaches Licht spendet.

Morgen ist Heiligabend, sagt Bernd betont forsch, mach dir selber dein schönstes Weihnachtsgeschenk!

Axel versteht, nickt, hört, wie die Tür ins Schloß fällt, der Schlüssel zweimal rumgedreht wird, dann verhallen Bernds Schritte. Auf der Matratze liegend raucht er, sieht ein kleines Fenster, eine Luke nur unter der Decke, kleiner als ein Kuchenblech. Seltsamerweise beruhigt ihn das Viereck in der Wand, gibt ihm das Gefühl, mit der Außenwelt verbunden zu sein. Die Angst vor James ist gewichen, er weiß, daß der ihn nicht finden wird, doch da ist eine andere Angst, die in ihm wächst, von Minute zu Minute stärker wird. Es ist die Angst vor den Schmerzen, die er kennt, die ihn überfallen, ihm den Verstand rauben werden. Die Droge, die ihm die Schmerzen nehmen könnte, hat er nicht mehr, er begreift, daß er sich selbst ausgeliefert ist. Er raucht pausenlos, wartet auf die Schmerzen, hat schon nach wenigen Stunden jedes Zeitgefühl verloren. Mit der heißen Stirn berührt er die kühle Wand, fühlt sich für Sekunden besser.

Mit den Gedanken an die Mutter kommen die Schmerzen. Er schließt die Augen, sieht ihr Gesicht in milchigweißem Nebel, verzerrt, spürt das krampfartige Ziehen, das seinen Leib für Bruchteile von Sekunden lähmt. Dann wieder Mutters Gesicht, für Augenblicke, fragend, erstaunt, liebevoll. Die Schmerzen werfen ihn auf die Seite, treiben ihm stinkenden Schweiß aus den Poren. Mit den Hitzewellen rinnt er, durchnäßt Hemd und Hose. Axel riecht seinen Schweiß, süß-säuerlich-dumpf, er ekelt ihn, treibt ihm das Wasser in den Mund. Er versucht zu brechen, speit grüne, stinkende Flüssigkeit in den Eimer, sieht für einen Augenblick seine aufgerissenen Augen im dunklen Wasserspiegel.

Von irgendwoher hört er eine Kirchturmuhr schlagen, er versucht, ihre Schläge zu zählen, es gelingt ihm nicht. Er wirft sich schweratmend auf die Matratze, wünscht sich, in einer Kirche zu sein, so wie damals in Hamburg. Kühl wäre es da und ruhig und feierlich.

Er schließt die Augen, sieht Mutters Gesicht, ganz deutlich sieht er es, als stünde sie vor ihm. Dann zerstören die Schmerzen das Bild, das Gesicht zerfällt. Axel schreit, schlägt die Fäuste gegen die Wand, krümmt sich, spürt den ätzenden Schweiß in seinen Augen. Er versucht aufzustehen, fühlt, wie sein Darm sich entleert, reißt die Hose herunter, setzt sich auf den Eimer, stürzt mit ihm um. Der Gestank nimmt ihm die Luft, er schiebt sich an der Wand hoch, versucht die Luke zu öffnen, vergebens. Er rutscht herunter, reißt mit den Fingernägeln die Tapete von den Wänden. Der neue Schmerz tut ihm wohl, er leckt das Blut von den Fingern, sieht verwundert neues unter den Fingernägeln hervorquellen.

Plötzlich friert er, die Zähne schlagen ihm aufeinander, er kriecht auf die Matratze, zieht die Decke über sich. Vor sich sieht er seinen Klassenraum, der Lehrer, den sie Entenreiter nannten, hört ihn sagen, daß fe gleich fo ist, und daß darum die Soldaten auf Brücken nicht im Gleichschritt gehen dürfen. Stechende Schmerzen im rechten Oberbauch beschleunigen die Bilder, lassen sie rascher laufen, zeigen ihm seine Arbeitskollegen, Jo und Tina, die Mutter, die im Garten Astern abschneidet, Vater, zeitunglesend. Dann springen braune Tiere mit spitzen Zähnen unter der Decke hervor, beißen in seinen Bauch, wühlen sich hinein. Angstvoll schreit er, wirft die Decke beiseite, springt auf, versucht, die Tiere von seinem Bauch zu reißen, zu flüchten, rennt mit dem Kopf gegen den Schrank. Dann liegt er in der stinkenden Wasserbrühe am Boden, ruft: Mutter! Mutter! Matt klingt es, ihm fehlt die Kraft zu schreien.

So liegt er, sich vor Schmerzen windend, bewußtlos werdend. Immer, wenn er die Augen öffnet, sieht er das matte Licht der Kugelleuchte über sich. Du bist noch da, sagt er fast dankbar, dann lacht er leise und froh, nicht allein zu sein. Doch nur wenige Minuten dauern diese Zustände, in denen Axel nahezu schmerzfrei ist und klar denken kann. Dann fallen die krampfartigen Schmerzen wieder über ihn her, rauben ihm den Verstand, lassen ihn nach Mutter und Vater rufen. Doch niemand hört ihn, niemand öffnet die Tür, niemand steht ihm bei.

Irgendwann fällt er in tiefen Schlaf. Als er die Augen wieder öffnet, sieht er die Kugelleuchte. Er braucht lange, bis er begreift, wo er ist, was mit ihm geschehen ist. Sein Kopf schmerzt, der Bauch ist geschwollen, jede Bewegung löst krampfartige Schmerzen aus. Der Mund ist trocken, er hat das Gefühl, daß die Zunge starr ist. Krampfhaft versucht er zu schlucken, richtet sich stöhnend auf, sieht verwundert, daß der Boden gewischt ist. Der Eimer, halb voll Wasser, steht neben einem Hocker, auf dem ein Teller mit belegten Broten und eine Flasche Wasser stehen. Bernds Worte fallen ihm ein: Du mußt essen!

Axel rutscht auf den Knien zum Hocker, trinkt gierig aus der Flasche, ißt. Er kaut langsam, weiß nicht, was er ißt, er hat keinen Geschmack. Dann uriniert er in den Eimer, wenig ist es nur; gelb und stinkend. Ein plötzlicher Schmerz in der Wirbelsäule wirft ihn zu Boden, nimmt ihm die Luft, er schreit angstvoll auf, greift um sich, hat die Steppdecke in den Händen. Nein, schreit er in höchster Angst, ich will nicht, glaubt, daß ihm das Rückgrat gebrochen sei. Er spürt, daß er seinen Unterkörper nicht bewegen kann, schreit lange und angstvoll, versucht, sich aufzurichten, zerfetzt die Steppdecke. Dann sinkt er ermattet zurück, spürt, wie sein Herzschlag schwächer wird, schließt die Augen. Sieht Wolkengebirge, grau und weiß und schwarz, sich verschiebend, eine Gestalt freigebend. Undeutlich sieht er sie eigentlich gar nicht. Die Wolken verschieben sich, werden blasser, dann rot mit gelben, funkelnden Sternen darin. Sie ziehen vorbei, endlos und monoton. Axel hebt die Hände, versucht, die Wolken zu verwischen. Die bleiben, formieren sich, geben ein Schloß frei, wie Axel es aus seinem Märchenbüchern kennt. Hohe Türme, golden im Sonnenlicht glänzend, eiserne Tore, geöffnet, ein Mann davor, bärtig und im schwarzen Gewand. Komm, hört er dessen Stimme, komm!

Er sieht die einladenden Bewegungen des Mannes, will ihnen folgen, ist unfähig, sich zu bewegen, weint angstvoll auf, sieht plötzlich das Gesicht der Mutter neben dem des Alten. Es ist traurig, mit Tränen in den Augenwinkeln. Die Stimme des Mannes sagt laut, hallend: Komm, ich mache eine Empfangsdame aus dir!

Axel wacht von lautem Schreien auf, es sind seine Schreie, die er gehört hat. Sein Körper ist schweißnaß, er versucht, sich zu bewegen, nur mühsam gelingt es. Die Schmerzen sind unerträglich, er weiß nicht mehr, wo sie am stärksten sind. Brechreiz schüttelt ihn, er speit grüne Flüssigkeit auf den Boden, sieht, wie sich aus ihr die braunen kleinen Tiere formen, spürt ihre Bisse an seinem Leib, versucht sie abzuschütteln, umsonst. Er wirft sich gegen die Wand, empfindet den dumpfen Schmerz an seinem Kopf kaum, rutscht bewußtlos auf die stinkende, nasse Matratze.

Als er aufwacht, sieht er neue Brote auf dem Hocker, auch Zigaretten, ein Feuerzeug und eine Flasche Wasser. Er trinkt gierig, versucht zu essen, erbricht sich nach einigen Bissen. Das Viereck unter der Decke ist dunkel, da weiß Axel, daß es Nacht ist. Schwach erinnert er sich daran, daß Weihnachten ist – oder war? Er weiß es nicht, er hat jedes Zeitgefühl verloren. Mühsam steht er auf, lehnt sich gegen die Wand, schwankend und mit weichen Knien. Dann versucht er zu rauchen, doch schon nach wenigen Zügen muß er erneut erbrechen. Wieder beginnt er zu frieren, bildet sich ein, daß er Fieber hat.

Er kriecht unter die zerrissene Decke, winkelt die Beine an, liegt ganz still, auf die Kugelleuchte blickend. Dann toben die Schmerzen wieder in seinem Leib. Er versucht, sich dagegen zu stemmen, spürt seine Schwäche, bleibt liegen, willenlos und mit ausgebreiteten Armen. Und wieder drängen sich Gesichter in seine Träume. Sie schauen durch die Wolken, lachend, grimmig, drohend. Obelix, Roy, die Stasileute aus dem Gefängnis.

Stundenlang liegt er da, in einem Zustand zwischen Wachen und Träumen, schweißnaß, frierend. Auch diesmal nimmt er nicht die kurze Anwesenheit von Bernd wahr, der ihm frisches Wasser und Brote hinstellt, ihm den Puls fühlt, dann wieder hinausgeht.

Als Axel dann wach wird, sind seine Schmerzen erträglich, er kann sich bewegen, weiß, daß seine Wirbelsäule nicht gebrochen ist. Er zwingt sich aufzustehen, wäscht Gesicht und Arme in dem kalten Wasser, dann liegt er erschöpft auf der Matratze, kauend und trinkend. Diesmal bleibt die Speise in seinem Magen, auch, als er raucht. Einige Züge nur, dann wirft er die Zigarette fort, schläft ein. Glockengeläute weckt ihn, die Kugelleuchte unter der Decke scheint nur matt, das Fensterviertel ist erleuchtet, Sonnenstrahlen tasten sich zitternd über den Staub auf dem Rollschrank.

Schwankend erhebt er sich, fühlt kaum Schmerzen, weiß, daß es draußen Tag ist, lacht und weint. Ich habe es geschafft, sagt er, es gefällt ihm, seine Stimme zu hören, er sagt es wieder und wieder, klopft gegen die Tür, schreit: Ich habe es geschafft!

Bernd öffnet die Tür, Axel wirft sich in seine Arme, weint, drückt den Bärtigen, stammelt Unzusammenhängendes. Das war knapp, sagt der, du hast mehrere Schutzengel. Unter der Dusche erfährt Axel, daß er fünf Tage in der Kammer zugebracht hat. Bernd untersucht ihn, tastet die Bauchdecke ab, die Nierenlager, dann sagt er: Okay, die geschwollene Leber bildet sich irgendwann zurück!

Die nächsten zwei Tage bleibt Axel bei Bernd. Er ißt Grießbrei, trinkt Milch, raucht eine Unmenge Zigaretten. Er schläft viel, erlebt in seinen Träumen immer wieder die Tage und Nächte in der Kammer, weint angstvoll auf. Bernds Stimme beruhigt ihn, er weiß, daß er es schaffen kann, wieder wie ein normaler Mensch zu leben.

Auch die Erinnerung an James kommt wieder und die Furcht, ihm zu begegnen. Er hat Angst davor, weiß, daß der Mann seinen Rückfall in das Drogenleben bewirken kann.

Ich muß weg, sagt er zu Bernd, dann gehen sie auf die Straße, sehen den bunten Himmel, rufen: Prosit Neujahr 1991!

In einer Schwulenkneipe trinken sie ein Bier, rauchen, schweigen im Lärm der Feiernden, wissen, daß sie sich in wenigen Stunden trennen werden.

Der Morgen ist noch grau, als Bernd seinen Gast mit dem Auto zur Autobahn bringt. Na denn, sagt er unbeholfen, fährt rasch davon. Heftiger Schneeregen peitscht Axel ins Gesicht. Er hebt die Hand, den Daumen nach oben, dann hält ein Lastwagen. Der Fahrer fragt: Wohin, junger Mann? Nach Hause, sagt Axel.

Nachbemerkung

Aus Frankfurt kommend, fand Axel Aufnahme bei seiner Mutter in Wittenberg. Sein Gesundheitszustand war nach der Entgiftung so schlecht, daß er sich für sechs Wochen in stationäre Behandlung begeben mußte.

Nach seiner Genesung (Ende Februar 1991) setzte der Drang nach dem Genuß harter Drogen ein. Als es deswegen zwischen ihm und seiner Mutter zu wachsenden Spannungen kam, beschloß er, wieder nach Berlin zu gehen. Zufällig lernte er in dieser Zeit R., einen jungen Mann kennen, in den er sich spontan verliebte. Dessen Einfluß war es wohl auch zu verdanken, daß Axel seinen Plan, nach Berlin zu gehen und drogenrückfällig zu werden, von Woche zu Woche verschoben und schließlich ganz aufgegeben hat.

Nahezu ein Jahr lebten Axel und R. in einer winzigen Bodenkammer ohne Wasser, ohne Toilette, angewiesen auf eine geringe Sozialunterstützung.

Im Sommer 1991 wurde Axel wegen Scheckbetrugs in mehreren Fällen rechtskräftig verurteilt.

Heute lebt Axel mit R. in einer Zweiraumwohnung. Er arbeitet in Schichten, sein Nettoverdienst beträgt ca. 1200 DM im Monat.

Er ist clean.

Sommer 1992   Dietmar Kruczek